《带你走进博物馆》丛书编辑委员会：

乾陵博物馆

Qianling Museum

带你走进博物馆

SERIES

乾陵博物馆
王晓莉　张艳喜　编著

文物出版社

目 录 Contents

乾陵博物馆

赠　言

未成年人将要承担中华民族伟大复兴的重任。关心未成年人的健康成长，关心他们的思想道德的建设是我们每个人的责任，各类博物馆不仅是展示我国和世界优秀历史文化的场所，也是未成年人学习知识、培养情操的第二课堂。

让这套丛书带你走进博物馆，让博物馆伴随你成长。

国家文物局局长　單霁翔

2004年12月9日

馆 长 寄 语

亲爱的青少年朋友！在你的印象里，博物馆三个字，你一定不陌生，你可能走进过许多博物馆的大门而认识了社会。那么，你知道在一座帝王陵旁，以帝王陵墓为中心而建立的博物馆吗？在我国2000余座博物馆里，位于陕西省乾县的乾陵博物馆是最著名、最具特色的帝陵博物馆之一，它是以唐代帝王陵墓为中心而建立的我国重要的文化遗产收藏、研究和展示的公益性机构。因为乾陵是唐代帝王陵墓的典型代表，成立的乾陵博物馆正是以乾陵这一重要历史文化遗址为主要内容展现在观众面前的。乾陵是中国历史上唯一的女皇帝武则天和他的丈夫、唐代第三位皇帝高宗李治的合葬墓。位于乾县城北6公里的梁山上，气势雄伟，文物丰富。是国务院于1961年3月4日公布的第一批全国重点文物保护单位，是陕西境内18座唐代陵墓中保存最完整的一座。

乾陵素有“唐陵之冠”的美称，陵域坦荡，山势巍峨，加之陵园神道上石刻精美丰富，使这座唐陵显得气势昂峻而不凡，特别是巨型石狮和石马等又都是中国雕刻史上的精品，因此这座博物馆的规模、气派都独具优势，在海内外享有盛誉，被列为陕西十大博物馆之一，是陕西省委、陕西省人民政府首批命名的爱国主义教育基地。

乾陵博物馆是在唐陵陪葬墓的遗址上建立的，虽然正式更名是在改革开放刚刚起步的1978年8月，但追溯沿革历史，却源于20世纪60年代初期发掘的唐永泰公主墓，这是新中国成立后陕西发掘最早、级别最高的一座大型女性墓葬，为了妥善保护墓地，加强对乾陵及其陪葬墓出土文物的保护和研究，推动乾陵文物工作的发展，1961 年 8 月，在墓葬发掘的基础上成立了乾陵文物保护管理所，它是陕西组建的第一个专门保护帝王陵墓的文博单位，具有开创性的意义，在全国同行当中也是最早的一个。以它为代表的陵墓博物馆构成了陕西遗址博物馆的主体，为推动陕西博物馆事业的发展作出了贡献。如果从此时算起，乾陵博物馆已经走过了将近半个世纪的艰辛历程。

乾陵博物馆的馆舍为现代仿古建筑，占地面积 36106 平方米，建筑面积 4954 平方米，绿化面积 3600 平方米，管辖范围有乾陵、章怀太子墓、懿德太子墓和永泰公主墓，馆内设有两座大型陈列室，向广大观众提供“乾陵文物精华展”和“乾陵陪葬墓出土壁画线刻画展”，展出陪葬墓出土的主要文物 168 件，其中不乏珍藏的精品。除此之外，修复整理的唐永泰公主墓、懿德太子墓、章怀太子墓等三座墓葬的原始地宫也作为很有特色的陈列内容向观众开放，常年开放的这些基本陈列是观众走进乾陵博物馆参观展览必看的主要内容。展览面积共计 2300 平方米。目前，共有藏品 4300 多件，全部来自于已发掘的五座墓葬出土的各类文物。

乾陵博物馆既是一个收藏、研究、展示宣传的文博单位，同时还是国家旅游局授予的首批4A级旅游景点，建馆以来一直是陕西旅游西线上的一处闪光亮点，每年接待海内外游客近百万。随着现代旅游活动在乾陵博物馆的日益兴起和游客数量的增多，馆内还开辟了涉外餐厅、贵宾接待室、旅游服务中心等设施，为游客提供导游、讲解、休息、餐饮、车辆等服务，还提供有关书籍、画片、特色的纪念品、工艺品、复仿制品等，以满足游客参观、游览、休闲等方面的需求。

乾陵博物馆东距西安咸阳国际机场54公里，东南距西安80公里，312国道紧邻馆旁，交通十分便利。当你乘车从古城西安出发，通过坦荡如砥的关中平原来到乾县城北，你一定会被巍巍乾陵的雄姿所吸引。来到古朴庄严的乾陵博物馆，你会亲眼看到许多价值连城的历史文物，也会感受博大精深的唐代文化。因为乾陵博物馆里有规模宏大、富丽堂皇的地下宫殿；有色釉艳丽、造型生动，被誉为中国古陶瓷中的明珠唐三彩；有唐代人物画中的杰作——唐墓壁画和一批线条清晰、技法娴熟的石椁线刻画……当你有意或无意浏览这精美绝伦的幽冥色彩时，你的眼前是否能浮现出一幅幅浓缩的历史画卷呢？

参观了乾陵博物馆，再驱车向北行使3公里，登上海拔1047.9米的乾陵之巅，你一定会被乾陵壮美的自然景观和独具特色的人文景观所震撼。乾陵是唐代“依山为陵”的典范，在全世界所有帝王陵墓中都是独树一帜的。这里埋葬着一对夫妻两个皇帝，是我国几百座帝王陵墓中的唯一；这里又是唐代露天石雕艺术馆，陈列着精美而壮观的石刻群，每件石刻，各具特色又神采不凡，含义更为深刻。无字碑，举世闻名，称为武则天的化身；翼马，非常壮美，是中国古代最具力量感的动物；石狮，气势威猛，号称陵园第一守护神；61蕃臣石像，代表着61个国家与民族首领，是唐代中外民族空前大团结与对外开放的象征……所有这些，都是唐代艺术家智慧的结晶，是我国古代艺术的瑰宝，是唐代人留给我们的宝贵财富。它们就像一颗颗璀璨的明珠，镶嵌在三秦大地上，放射出耀眼的光芒。当你面对一件件文物，似乎穿越了时间的隧道，顷刻间与历史对话，与它们握手，慢慢品尝其中的文化韵味，徜徉于久远而又弥足珍贵的文物中间，赞叹祖先巧夺天工的精湛技艺，了解每件文物背后复杂的政治文化背景，倾听在它们身上发生的一段段曲折、动人的故事，任凭思绪穿越时空，飞向那广袤无垠的大地。在这里，你总能体会到全身心的放松和精神上的满足。

神秘的乾陵屹立在梁山之巅，俯视着三秦大地，庄重的博物馆位于乾陵脚下古朴典雅，它们共同构成了三秦大地上一道亮丽的风景。这里有举世闻名的无字碑，这里有数以千计的精美文物，这里有许多未解的历史之谜，这里蕴藏着无限的魅力和丰富的信息。亲爱的青少年朋友！欢迎你亲近乾陵，走进乾陵博物馆，我们等着你来进行新的探索并获取更多的发现。

乾陵博物馆馆长：樊英峰

一、唐陵之冠：乾陵博物馆的背景知识

1.乾陵的地理环境

乾陵位于陕西乾县城北6公里的梁山上，距西安80公里。梁山气势宏伟，挺拔峻秀，具有得天独厚的地理条件。

这座山峰与众不同，是由三座自然形成的石灰岩质的山峰组成的。北峰最高，是梁山的主峰；南二峰较低，东西对峙，人们俗称"奶头山"。乾陵充分利用了梁山的自然形势，依山而建，以北峰为陵园主体，使南二峰自然形成陵园的门户，不仅高大雄伟，而且异常牢固。夕阳西下，远眺乾陵，宛如一位妇人仰卧大地，北峰为头，南二峰为其胸，因此被誉为"大地上的睡美人"。

当你来到乾陵，就仿佛置身于"睡美人"博大的胸怀之中，就会感到她的伟岸、她的威严，就会自然想起中国历史上唯一的女皇帝武则天。人们常说：乾陵的形态是女皇武则天的绝妙象征。这种说法不是没有道理的。

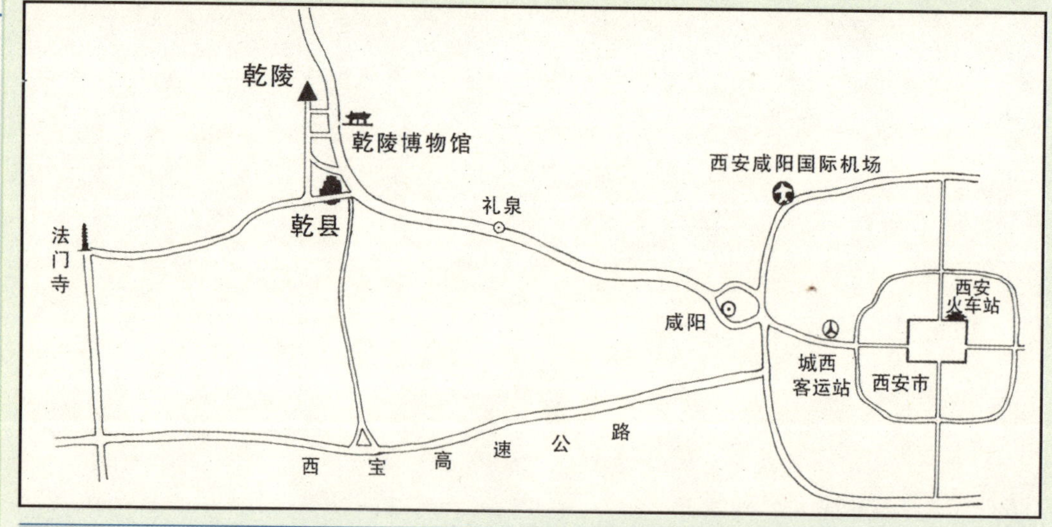

1.乾陵在西安市的位置图

2.乾陵全景

3.乾陵南面东西乳峰

4.乾陵晚照——睡美人

2.乾陵埋葬的两个皇帝

作为全国重点文物保护单位，乾陵有“唐陵之冠”的美称。唐王朝从618年高祖李渊建国到907年哀帝李柷衰亡，历时289年，先后有21位皇帝执政，其中包括武则天在内。这21位皇帝，除昭帝李晔和陵在河南偃师、哀帝李柷温陵在山东菏泽以外，其余19位均葬在陕西渭河以北的高原上和崇山里。因唐高宗与武则天合葬，所以形成了18座陵墓。这些陵墓横跨乾县、礼泉、泾阳、三原、富平、蒲城等六县，绵延150公里，在地理位置上恰好形成了一个以唐都长安为中心、呈扇形而平铺于渭北地区的巨大陵园，人们称之为“渭北唐十八陵”或“关中唐十八陵”。在“关中十八陵”中，乾陵是最有代表性的。这不仅是因为梁山景色秀美，乾陵文物丰富，更重要的是乾陵里埋葬着唐高宗李治和女皇帝武则天，是罕见的两朝皇帝一对夫妻合葬的陵园。

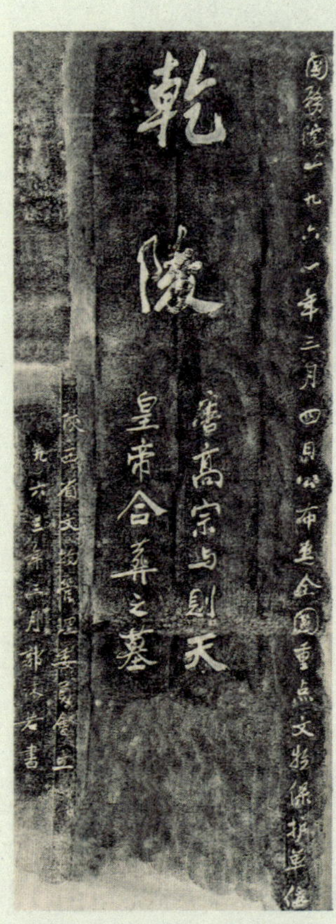

5.郭沫若题写的乾陵碑文

唐高宗李治是唐太宗的第九个儿子，628年6月15日生于长安城东宫之丽正殿，631年册封为晋王，643年4月7日册封为皇太子，不久与武则天相识。武则天祖籍山西文水，624年生于长安，十四岁被唐太宗诏入宫中，封为“才人”，赐号“武媚”。649年5月26日唐太宗病死，武则天发配感业寺出家为尼。6月1日，唐高宗即位，成为唐朝历史上的第

三位皇帝，时年22岁。高宗即位之初，能够效法太宗行事，“永徽之政，百姓阜安，有贞观之遗风”。他即位的第四年（653年）将武则天接入宫中，封为昭仪。第六年（655年），又力排众议，立武则天为皇后。再过四年（659年），高宗患病，“风眩头重，目不能视”，即令武则天参预朝政。674年8月15日，高宗自称“天皇”，让武则天称“天后”，时人称之为“二圣”。

683年12月4日，唐高宗死于洛阳贞观殿，终年56岁。遗诏太子李显柩前即位，“军国大事有不决者悉听天后处分”。唐高宗死后，皇太子李显即位，是为中宗。中宗无心处理国家大事。武则天废中宗，另立睿宗，亲自临朝称制，首先考虑埋葬高宗的问题。高宗死于洛阳，而高祖、太宗葬于关中。高宗临死时，曾对侍臣讲：“天地神祇若延吾一两月之命，得还长安，死亦无恨”，宛然有西归之意。因此，武则天决定遵照高宗遗愿，把他葬在关中。经过认真比勘，最后决定依梁山为坟头，为唐高宗修建陵寝，并定陵墓名称为“乾陵”。准备工作就绪之后，即任命吏部尚书韦待价摄司空，为山陵使，发兵民十余万开始破土动工，营建乾陵。乾陵修成以后，武则天又命侍中刘齐贤和霍王元轨知山陵葬事，为唐高宗举行隆重的葬礼。684年5月15日，武则天欲亲自护送高宗灵柩西返，群臣谏阻，乃命睿宗护柩。8月11日，葬高宗于乾陵。

690年9月9日，武则天改唐为周，成为中国历史上唯一的女皇帝。她在位十五年，用人纳谏，推行改革，使当时政治比较清明，经济有所发展，国力相当强大。705年11月26日，武则天死于上阳宫仙居殿，终年82岁。武则天临终时，头脑很清醒。她召来她的第三个儿子、时任皇帝的中宗李显、第四个儿子相王李旦、唯一的女儿太平公主以及她的侄子武三思等，叮咛后事，留下一份完整的“遗制”，要求归葬乾陵，与丈夫合葬。对此，朝中的大臣严善思等人表示反对，他们认为“则天太后卑于天皇大帝，今欲开乾陵合葬，即是以卑动尊”。建议于乾陵之傍，另择吉地，“别起一陵”。唐中宗看了奏折，令群臣详议。由于武三思等人通过上官婉儿及皇后反对严善思的意见，唐中宗才决定停止讨论，批准“准遗制以葬之”。武则天死后第二年（706年）的1月21日，唐中宗“护则天灵驾还京”。8月16日，灵柩徐徐进入乾陵地宫。武则天生前自己起名为“曌”，被尊为“则天大圣皇帝”，临终遗制称“则天大圣皇后”，死后他的儿子中宗谥曰“则天大圣皇后”，睿宗改谥“则天皇太后”，开元四年玄宗又改为“则天皇后”，天宝八载，加谥“则天顺圣皇后”，故史称武则天。她最终到达了她所向往的归宿地，长眠在唐高宗的“御床”之左。

3.乾陵的基本结构

乾陵是唐朝帝王陵墓中规模宏伟和保存较好的一座陵园，墓室修建于海拔1047.9米的梁山主峰之中，是唐代“依山为陵”的典范。

乾陵地面布局仿唐长安城格局营建，分宫城、皇城和外廓城三部分。陵寝是主体建筑，高踞陵园北部，有献殿和围墙，其布局接近正方形，占地230万平方米，四面均有城门：南为朱雀门，北为玄武门，东为青龙门，西为白虎门，象征长安城中的宫城。宫城四门之外修筑巍峨的阙楼、精美的石刻和宽阔的神道。当地人习惯把青龙门、白虎门分别称作东皇门和西皇门。

自第一道阙楼遗址到第二道阙楼遗址之间长约1公里，两边对称设置有石人、石马等巨型石雕一百多件，应为皇帝出巡的仪仗队，犹如唐代首都长安城政府机关等衙署，象征唐长安城的皇城。第二与第三道阙楼之间长约3公里，分布着17座陪葬墓，星罗棋布，象征臣民居住区。这一部分似为长安城的外廓城。周长80华里，外城现在仅留下一对阙楼遗迹和部分城垣遗迹。

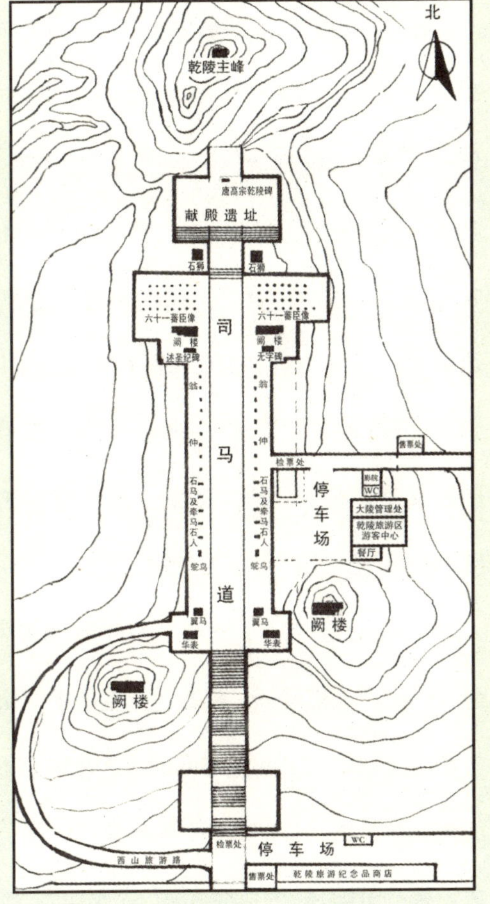

6.乾陵旅游区平面示意图

据史书记载，陵园地面回廊四起，阙楼、献殿、偏房等大型建筑多达378间，雕梁画栋，蔚为壮观。宽阔的神道由北向南伸向远方，整个陵园宏伟壮丽，气势磅礴。经过千百年的风雨沧桑，乾陵已失去了昔日的风彩，但透过内外城垣、御道、献殿遗址、楼阙遗址、神道和陪葬墓等遗址和遗迹，我们依然可以想见它当年的荣光。

内外城垣　文献记载，乾陵原有内外两重城垣，城垣的修筑把陵园分隔为宫城、内城和外廓城，由此而使陵园布局整齐，富丽堂皇。内城城垣南北各长1450米，东城垣长1582米，西城垣长1438米，城垣四隅都建有高大的角楼，现在还可看到角楼的遗迹。在距内城城垣约200米处，当年又建筑了广阔的外城城垣，东西宽约1750米，南北长约1980米，总面积达31500平方米。经勘察城垣遗址尚在，边界清楚，与内城城垣基本平行，大体一致。内外两重城垣跨山越岭，气势恢弘，堪称一项浩大的陵墓工程。修筑重重城垣，目的是为了保障陵寝的绝对安全。当初修筑的内外城垣墙高在5米以上、8米以下，夯土筑成，往上层层收分。昔日坚固的城垣经过千年的风吹雨打和人为的破坏，到现在大部分都已夷平，只尚存少数若断若续。

7.乾陵主陵及御道

御道　乾陵御道气势宏伟，历时1300余年，仍然清晰可辨。1986年国家投资150万元，沿御道遗址修建了一条旅游石阶蹬道，全长575.8米，宽11米，砌成526级台阶和18座平台，比举世闻名的南京中山陵还长75.8米，多建134级台阶。设计者们匠心独运、赋予石阶平台以诸多的象征意义。沿着青石条铺就的台阶路拾级而上，即到了台阶路的最高处，也就是乾陵的第二道门。

献殿遗址　位于六十一王宾像北面的平台上。献殿又称拜殿、祭殿，是专司祭祀祖先和神灵的地方。据史书记载，这处东西宽28米，南北长31米的地方，当年建有一座高大宏伟的献殿，殿内斗栱扣檐，雕龙摆阔，建筑古朴庄重，气氛肃穆。事隔千余年，豪华

8.毕沅书写的碑文

肃穆的献殿建筑现已倒塌无遗，建筑基址也被深埋于黄土之下，在它的上面我们只能看到两通青石雕成的碑子。一通是由清代陕西巡抚毕沅书写的“唐高宗乾陵”碑，一通是由我国现代杰出的历史学家、诗人、作家郭沫若先生书写的“乾陵·唐高宗与则天皇帝合葬之墓”碑。

阙楼遗迹　乾陵陵园中共有12座阙楼遗址。陵园南边因为有三重门，每座门外两侧各有一座阙楼，所以仅南边就有6处遗迹。阙，是中国古代一种重要的建筑类型，在高等级的都城、陵墓、宫殿外都有设置。它的作用有四种：一是观望、守卫；二是区别等级尊卑；三是张贴政令；四是思过反省。完整的阙除了我们看到的这些遗迹外，在它的上面还有单檐或重檐的楼阁式建筑，建筑内雕梁画栋，金碧辉煌。它们的结构形式在唐墓壁画中可以欣赏到。为了保护当年阙楼的遗迹，国家投资在四处阙楼遗址外面用青砖按照原来的形状进行了保护，就是我们现在看到的样子。

神道　也叫司马道、墓道、隧道。是陵园内一项非常重要的建筑。具有神秘色彩和皇权象征的含义，当人们踏入此道，庄重森严、充满神秘的感觉油然而生。这也是皇帝进入“天堂”的路标，当年两位皇帝隆重、庄严、肃穆的葬礼就是在这宽阔的神道上举行的，从此也就成了皇帝灵魂出行的专用之道。在体现摆阔气、树威风、显气势、壮观瞻等方面发挥了无可替代的作用。

当年的神道不是现在的样子，全是以黄

9.乾陵主陵近景及陵前神道

道。魏晋南北朝以后始称神道。

在陵园内，除了上述建筑之外，还有寝殿，在献殿之北，梁山之腰，仿皇城太极宫建筑，安放死者遗物。

游殿，在梁山之颠，仿神宫建筑，供死者魂游。

土铺筑，1994年国家投资150万、用了45031块青石、花费近一年的时间铺设了原来的古道，从而显得笔直、平整，状若飘带，成为乾陵一处风格独特的景观。神道南起华表、北到石狮脚下，全长700余米，宽20米左右。

古代中国在陵墓前开设神道大概始于西汉，当时俗称司马道，因为西汉帝陵墙垣四面之门称为司马门，门外的大道就叫司马

此外，在外城西南还建有下宫，以象征死者的离宫；在外城西部建有临川亭，以供死者“游幸”；在封域南六里建乾陵署，以供管理乾陵之用。

陪葬墓　众所周知，中国古代一代帝王死去之后，在他的陵园附近陆续有一批当朝皇亲国戚和文武大臣死去之后为其陪葬，史书上把这种性质的墓葬称为陪葬墓。陪葬制

度是中国古代帝陵制度，特别是唐陵制度的一项非常重要的内容，也是中国古代帝王陵墓史上一种新的文化现象，这种制度虽然不始于唐代，但唐代却是把它推向兴盛的重要时期。在陕西关中18座唐代帝王陵墓的东南方向，就有数量众多的陪葬墓组成的一个极其庞大的陪葬墓群，陪葬墓群或者陪葬墓区的设立把帝王陵园的范围扩大了许多，我们通常说某某的陵园很大，其中就包括着这一部分内容。考古调查得知，唐代开国皇帝高祖李渊的献陵有陪葬墓51座，唐太宗李世民

10.懿德太子墓墓道口及保护门楼

11.懿德太子墓博物馆大门

的昭陵达到193座，是唐陵陪葬墓数量之最。文献记载，乾陵的陪葬墓共17座，分布在东南方向南北9公里、东西8公里的范围内，从684年到741年的57年间，先后有两位太子、三位王子、四位公主、八位大臣的墓葬修建在事先由朝廷划定的区域内。他们当中有的死于非命，有的以身殉国。死后能进入陪葬墓区，为死去的皇帝终生陪葬是一种荣耀，也是身份的显示，更是泽阴后代的形式之一。墓葬主人生前因身份地位不同而死后墓葬的建筑形式也各异，有的非常特殊，引人

12.章怀太子墓前后墓室

注目，有的普通平常，无人问津。然而，墓主人生前无论如何威风显贵，死后都归于一抔黄土。在厚葬盛行的年代，在注重土葬的时期，这些大大小小的墓冢不仅是人生最后的定格，也是储存墓主所生活时代若干文化信息的宝库，不仅是生命的纪念，也是人文活动改变地理风貌的突出现象之一。

17座陪葬墓，均以封土为墓。它们的主人是：懿德太子李重润、章怀太子李贤、泽王李上金、许王李素节、邠王李守礼、义阳公主、新都公主、永泰公主、安兴公主、特进王及善、中书令薛元超、特进刘审礼、礼部尚书豆卢钦望、左仆射杨再思、右仆射刘仁轨、左武卫将军李谨行、右武卫将军高侃。由于年代久远，墓前碑石流失毁坏，除已发掘的墓葬外，其余很难辨别各个墓冢的主人。1960年至1972年，考古工作者发掘清理了永泰公主、章怀太子、懿德太子、中书令薛元超、左武卫将军李谨行五座墓，这些墓虽然都曾被盗，但出土文物仍高达4000多件，壁画1200平方米，石雕线刻画近150平方米，是我们研究唐代的社会政治、经济、文化、军事以及对外关系的宝贵实物资料。

在上述陪葬墓中，章怀太子、懿德太子和永泰公主的墓葬是最著名的。因为墓主生前都是皇室中的主要成员，地位显赫，身份高贵，死后所享用的墓葬形制与随葬品的种类远比其他任何一座陪葬墓复杂，内涵更为丰富。这三座墓是新中国成立以来发掘最为典型、规格最高的三座墓葬，不仅可弥补文献中关于墓葬形制及其葬具使用情况的记载，还可加深对唐代礼仪制度的认识。

三座墓葬中永泰公主墓是新中国成立以来发掘最大、最典型的一座唐代女性墓葬。

13.永泰公主墓墓道口及古建保护门楼

1960年8月开始发掘，1962年4月结束，经过修复和整理，1963年9月1日对外开放。墓葬位置在乾陵东南方向2公里处的312国道旁，乾陵博物馆即建其上。由地面建筑（神道、外部石刻、围墙、角楼、阙楼等）和地下建筑两部分组成。

现存地面最典型的建筑是一座15米高、56米见方的覆斗形、稳固厚重的墓葬封土。它的外顶平面呈方形，围绕封土四周建有高大的围墙，南北长275米，东西宽220米，总面积达60500平方米。围墙南门（号称朱雀

14.永泰公主墓地宫

门）左右各建一对高约20米的单出阙楼。阙楼以南是一条宽约百米的神道。两侧树立石狮、武士、华表、石人等大型石刻。

这座墓规模宏大、结构复杂，确实具有特殊墓葬所体现的奇异与奢华。依据发掘清理后的实地测量，永泰公主墓全长87.5米，宽3.9米，深16.7米，墓道为长斜坡形向下延伸，与地平面呈28°夹角，土洞、双室砖墓结构。有前后甬道和宽敞的前后墓室，8个便房，6个天井，5个过洞，一套高级石椁葬具，一道坚固的石门，四个具有礼仪性质的石幔座，一盒墓志，从墓道开始到后墓室，按照不同部位的功能和性质，绘制有内容丰富、题材广泛的壁画。虽然此墓早年已被盗掘，但出土的各种类型文物仍达1000多件。

进入永泰公主墓，仿佛置身于一个富丽堂皇的地下艺术宫殿。墓道两旁精美的壁画，使整个地下宫殿盎然生辉。代表吉祥如意的左青龙、右白虎腾飞于流云之中。中国古代有“四神”之说，《史记·天宫书》中把星际天空归纳划分为四大区域，即东、西、南、北四宫，分别用青龙、白虎、朱雀、玄武代表，因此，古人的脑海里就有了东青龙、西白虎、南朱雀、北玄武的印象。紧随其后是东西两面墙壁上一组威武的仪仗图。每边六组，每组前一人率先，后五人为一队，也曾有人说这就是队伍的来历。据说这种仪卫形式是模仿皇后出行的规格，因永泰公主于706年5月由洛阳迁来乾陵陪葬，此时，其父李显已经复位，因而以“号墓为陵”制度埋葬，并追封公主名位等，终于享受了生前未能得到的恩宠和荣耀，因此，葬式、规格、葬具、陪葬品、壁画等诸方面都有僭越的现象，这也就不足为奇了。另外，还有高大雄伟的《阙楼图》，等级森严高级别的《列戟图》，都给人不同寻常的感觉。进入过洞，那些浓墨

重彩的图案让我们看到一个多姿多彩的艺术世界，有代表吉祥富贵的宝相花，象征多子多孙的海石榴花。白色的墙壁上，红、绿、蓝、黑诸色交错使用，看起来是那样的五彩斑斓、华贵典雅。不过，这些壁画大部分都是后来临摹上去的，原迹保存在具有现代化设施的陕西历史博物馆壁画库中。

过洞两侧的便房，放置着大量陪葬品，有代替活人殉葬的俑以及一些日常生活用品。有琳琅满目的唐三彩及陶制品，如武卫文侍、歌舞乐工、马牛羊猪、粮仓井架、碗盘瓶罐等。虽然在地下埋葬了一千三百多年，但极富个性化特征的个个偶人、件件物品，都让我们感到一种慑人心魄的艺术魅力。尤其是第二天井，东西两侧便房众多的女骑马俑，充分反映了唐代社会开放的格局。女子不但能够骑马、射猎、郊游，还可以参加科举考试。武则天当政时期，政治清明，文化繁荣，经济发展，国力强盛，人民安居乐业。这些出土的文物，就是最好的证明。

位于第五过洞下面，有一盒长宽各为117厘米、由上为志盖下为志底组成的墓志铭。绕过墓志铭进入前甬道不远，在东壁上侧有一个盗洞，当初盗墓贼就是从此处盗走墓内金银珠宝的。当时盗洞下有一具死人的骨骼，头骨在地下，骨骼旁有一把铁斧，并撒落了一些金银珠宝，由此可以断定，这是盗墓同伙之间互相残杀所致，而盗墓的时间大约在唐末或五代十国时期。走过狭长的前甬道，蓦地一个豁然明朗、充满奇幻色彩的大厅映入眼帘，这便是前墓室（相当于客厅），一道石门将前后墓室隔开，但它们的结构却相同。上圆像天，绘有天体图，东面的山峦、金乌与西边的月亮、玉兔遥遥相对，亦绘有白色的星星点点，象征着繁星满天。下方法地，绘有唐代建筑图案，体现了天圆地

方之说。随着视线的转移，东壁南侧的九人《宫女图》最为著名，20世纪60年代，前中国美术家协会主席叶浅予先生带着他的学生到此临摹写生时，细心品味，端详揣摩了两个多小时后感慨万千，吟诗一首:“公主长眠宫女在，壁上着意塑粉黛。口角眉尖似有情，是喜是忧费疑猜。”可以说是对这幅壁画高度的概括和总结。

经过最后一道坚固的石门和后甬道，进入后墓室（相当于寝室)，里面一副高级葬具——石椁，依照房屋建造，犹如一具完整的唐代房屋建筑式样的模型。石椁由34块石料拼装而成，上面有刚劲凝练的线刻画。题材大多是宫女的生活风貌以及花枝缠绕、蔓草依依、鸟兽图纹等。

参观了永泰公主墓，相信你在受到视觉的冲击、心灵的震撼、赞叹我们祖先创造了伟大的唐代文明的同时，也会对唐墓的构造、丧葬文化、社会风俗等诸方面有一个深刻的印象。

二、石墨镌华：乾陵博物馆收藏的石刻精品

1.大气磅礴的石像生

乾陵利用自然起伏的山势，在东西乳峰山之间，一条长约1公里、宽约20米的南北走向的低凹地带，把南北三座山峰紧紧相连，又形成陵园神道，陵区的主要建筑都以它为中轴线，次要建筑和石雕群从南到北依次对称地配置在神道两侧。在神道两边整齐地排列着巨型石雕113件。从南向北依次有华表、翼马、鸵鸟、石马及牵马石人、翁仲、无字碑、述圣纪碑、石狮、六十一蕃臣石像等，它们不仅数量众多、高大雄浑，而且雕刻精美、造型逼真，在历代帝王陵墓石雕中独领风骚，堪称唐代“露天石雕博物馆”。当我们徜徉在这条长长的神道之中，目睹两旁众多的高大威严的石刻，怎能没有神圣、庄严和崇高的感觉！著名历史学家郭沫若先生曾咏诗称赞：“岿然没字碑犹在，六十王宾立露天。冠冕李唐文物盛，权衡女帝智能全。黄巢沟在陵无恙，述德纪残世不传。待到幽宫重启日，还启翻案续新篇。”

乾陵陵园现存地面文物主要是一些遗迹和庞大的石雕群，这些石雕是陵园建筑的一个重要部分，烘托出了陵墓的宏伟气势和庄严肃穆的气氛。虽然，经过千百年的风雨沧桑，乾陵已失去了昔日的风采，但是，高大精美的石刻群，仍能显示出它杰出的设计思想，让我们感受到它所体现的中国封建盛世的时代精神。这些具有历史价值的石雕群，造型逼真、神态生动，代表了唐代高度发展的封建文化和雕刻水平，充分显示了我国古代劳动人民的聪明才智和精湛的艺术技巧。

华表　位居所有石雕之首。由一块完整的巨石雕凿而成，浑然一体，给陵园增添了庄严肃穆的神圣气氛。华表是我国古代大型宫殿、桥垣、陵墓前所特有的纪念性石柱。这种建筑起源于远古，最初是在木柱上端穿置

横木，作为路标。并且允许国人在上面提写意见，所以又叫诽谤木。随着时间的推移，诽谤木演变成为石质刻有精美图案的华表，竖立于皇宫或帝王陵园之前，成为皇家建筑的特殊标志。乾陵华表高8米，直径1.12米，由方形双层基座、覆盆莲花基座、八棱形柱身、仰盆莲花顶座及圆形柱头五部分组成。基座和柱身各面采用石刻线画中的减底手法，刻有象征吉祥的海石榴纹以及兽类图案，雕工十分精致。唐代崇尚佛教，佛教中"莲"是佛门"善"的象征，又因"莲"与"怜"谐音，所以又象征佛以慈悲为怀，肩负着普渡众生的宏任。顶部的圆球，则是天降甘露的象征。乾陵华表还代表着君王广开言路，善于纳谏的德政。

15.华表

翼马 一对翼马雄踞神道两侧、昂首对视。身高3.17、长2.8、宽1.2米。翼马是人们想象当中长有翅膀会飞的马的造型，又叫天马。乾陵这对翼马，得到了中外专家学者的最高评价，认为是中国最具力量感的石马！它们头部高高扬起，眼睛炯炯有神，颈部非常粗壮，胸部已夸张成圆形。并采用抽象夸张的手法，在马身上粗线勾勒出云朵形

16. 翼马

的翅膀，一遇号令，它们会势如流星闪电，驰骋在这山梁之颠。翼马的造型来自西方，这正是唐代中国对外开放的完全象征。

鸵鸟　在乾陵的神道前部，本该是瑞兽朱雀的位置，却以一对来自非洲的鸵鸟代替。它们用高浮雕的形式刻成，雕刻得逼真生动，姿态优美而刚健，两条长腿一曲一直，给人一种舒展而端庄的美感。鸵鸟原产地是非洲，以后传到中亚。汉唐时期中亚、西亚一些国家将鸵鸟赠送到长安，它是中外友好往来和文化交流的使者。据《旧唐书·高宗》记载，“永徽元年，吐火罗（今阿富汗境内），遣使献大鸟如驼，食铜铁，上遣献于昭陵。”所以，高宗死后，雕刻鸵鸟设置陵前，似有纪念性质。

17. 鸵鸟

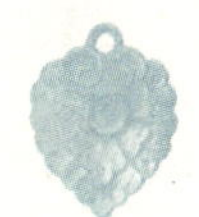

石马及牵马人 石马高1.8米，长2.45米，宽约1米，石人残高1.4米，均采用圆雕。马身上都备有鞍、镫、笼头等饰物。牵马石人均站在石马北侧，其中两尊身躯完好，其余已残缺不全。大家都知道，马是封建社会的生产力，又是财富的象征，当时的达官贵人、富商大贾，都以拥有良种马而自豪。唐王朝为了向后世夸耀其功业，常在帝王和大臣陵墓前设置石人、石马。昭陵雕有六骏，而乾陵却出现了五对石马及牵马石人，说明了唐代在埋葬制度上的进一步发展，陵园制度有了新的内容。

18. 石马及牵马人

19.侍卫将军石人像

侍卫将军石人像 十对双手握剑、高大魁梧的石人，是守卫陵墓的卫士。身高约4.1米，宽约1.1米，侧厚约0.75米。他们头戴冠，腰束带，宽袍大袖，双目注视前方，面部表情各异。有人把这些石人像称为“翁仲”，其名称来源于一位名叫阮翁仲的古人。翁仲，秦代南海人，当时是秦始皇身边的一员大将，身长气勇，武艺高强，秦始皇统一六国时，让他镇守边关，威振匈奴。阮翁仲去世后，秦始皇大为悲伤，为了纪念他，就按照他的原形雕刻铜像立于当时的宫城司马门外，后世帝王便仿效秦始皇的做法，在陵墓前也雕刻翁仲像用于守陵。侍卫将军石人像又叫直阁将军或中郎将，名称始于唐，是侍卫皇帝的将官，体现出崇文尚武，恩威并重的封建专制精神。一千多年来，他们夜以继日、风雨无阻，默默注视着乾陵，忠实地履行着自己神圣的职责。

20.侍卫将军石人像

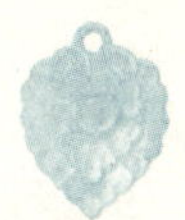

六十一王宾像　在被称为石雕艺术展览馆的乾陵石刻中，最引人注目的是这批无头石人像，我们称之为六十一王宾像。东侧29尊，西侧32尊，按队列形式整齐排列。雕像大小和真人一般，他们服饰各异，形态万千。可惜这些石人像的头部在明代就已损坏。在这些石人像背部原来都刻有文字，注明他们的身份与国籍。由于年代久远，石质风化，刻字大都模糊不清了。西边仅存七尊尚能看到残存的个别文字，其中的三尊背部文字还可辨认出原意，分别是“朱俱半国王斯陀勒”、“吐火罗王子特勤羯达健”、“于阗王蔚迟璥”。根据研究考证，朱俱半国和于阗国就在我国新疆的叶城与和田一带，是当时少数民族建立的邦国；吐火罗国是今天阿富汗北部地区。仅从这有文字可考的三尊王宾像中，就可以看出唐王朝和各国及国内各少数民族之间的睦邻关系。明清两代民间有人传抄得以保留了36尊石像的衔名，成为今天专家进行学术研究的珍贵资料。

21.蕃臣像

22.六十一蕃臣像

狮子　人们都知道动物界里的狮子是百兽之王。而人们雕刻的石狮子却有着“第一守护神”的美称，让它镇守在陵墓、宫殿、衙署、宅院门前，成为人们心中忠诚、无畏、威严和庄重的绝对象征。把蹲狮作为陵墓的守护神，是从唐朝开始的，更确切地说，正是从乾陵神道的蹲狮开始的。这对石狮是用整块的纯色青石雕刻而成，通高3.35米，每尊重约40吨。它们采取的是蹲坐的姿态，这种姿态不是在休息，而是正在值守岗位。它们的头部抬起，前肢直立，圆睁的双眼，注视着前边的神道，眼神中包含着警觉、自信和威严；它们张着大口，露出巨齿，似要发出震撼山谷的吼声，令人望而生畏。除此之外，陵园的东、西、北三门也都放置一对造型相同的石狮，以显示勇猛威严和帝王陵寝的神圣与不可侵犯。唐朝人打破了传统的习俗，毅然将外来的狮子取代了老虎，作为最神圣的帝王陵的主要守卫者，这里还包含着唐朝人对外开放，从一切外来文化中汲取营养的巨大热情。

23.石狮

乾陵石雕群，是唐代艺术家的智慧结晶，是我国古代石刻艺术的瑰宝。它们不仅在数量上是以前帝王陵墓所无法比拟的，而且在创作题材的广度和深度上也是前代帝王陵墓所少见的。唐代雕刻艺术家运用线雕、浮雕和圆雕等传统技法，融会中西，创作了这组庞大的石刻群，把这座陵园装饰得格外雄伟壮观。以后的帝王陵前的石刻群组合，均沿袭乾陵，并形成了一套固定的模式，可见其影响之深远。

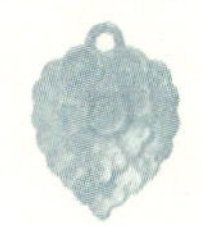

2.价值连城的碑石、墓志和石椁

中国古代，对人对事尤其是对死去之人最高纪念就是树碑立传，乾陵博物馆收藏的碑石和墓志就是这种礼仪方式的实物例证，特别是陵园内两通高大的石碑，最能体现出深刻含义和礼仪等级。馆藏的碑石和墓志主要有“述圣纪碑”、“无字碑”、“永泰公主墓志”和“章怀太子墓志”等五盒墓志，虽然数量不多，但件件都是珍品，具有很高的文物和史料价值。

述圣纪碑 位于朱雀门外的西阙楼前，与高大的无字碑两相对峙，这是武则天为唐高宗立的歌功颂德碑。唐高宗李治生于628年，是唐太宗李世民的第九子，母亲是长孙皇后，因得舅舅长孙无忌的帮助被封为太子，649年即位。他执政期间，重用贤良，励精图治；轻徭薄赋，百姓安居乐业。有史学家评价他：“永徽之政，百姓卓安，有贞观之遗风。”后来高宗的风疾（当今称为中风）日益严重，许多政事交由武则天代理。高宗在位34年，683年病逝于洛阳贞观殿，终年56岁。述圣纪碑通高6.85米，宽1.86米，重约89.6吨。碑体有五块方石榫卯套接而成，碑顶为庑殿式，基座雕有獬豸和海石榴纹，碑为七节，象征“七曜”，七曜是古人认为构成世界的七种基本物质：日、月、金、木、水、火、土。七节碑寓意唐高宗的文治武功

24.述圣纪碑

如日月星辰，普照天下，光耀千秋。碑文由武则天亲自撰写，唐中宗李显书丹的述圣纪全文就镌刻在碑的正南面，46行，共5600余字。由于千余年的风雨侵蚀及人为破坏，现仅存1000余字。据说碑文刻好后，每个文字还填以金屑，不但使文气的碑身金碧辉煌，也使整个陵园显得更加宏伟壮丽。此碑曾经倒塌，是新中国成立后重新修复起来的。碑顶是新修建的。檐角的护法力士原有4个，现在只留下2个，也都残缺不全。

无字碑　无字碑又称“没字碑”，以巍峨壮观闻名于世。整个碑用一块巨石雕成，身高7.53米，宽2.1米，厚4.19米，重约百吨。以其当初立碑时碑上未刻一字和高大雄浑，通身一体的别致造型而吸引着广大的游客。从上到下浏览，碑首采用浮雕的手法，雕刻着八条螭龙，龙身相互缠绕，鳞甲分明，栩栩如生。相传龙有九子，性格各不相同。螭是其中的一个，它喜欢登高，所以作为装饰品，古代人常常把它雕刻于碑首或宫殿柱身之上。碑的两侧刻有《升龙图》，线条简洁，生动传神。碑座呈方形，与碑首的圆形相对应，取天圆地方之意。碑座正面刻有《狮马图》，狮昂首怒目，十分威严；马屈蹄俯首，温顺可爱。提起无字碑人们就会联想到武则天，提起武则天就会联想到乾陵及无字碑。所以说在某种程度上无字碑不仅成了乾陵的象征，也成了武则天的象征。无字碑现在成了有字碑，从宋到明，四朝的文人墨客在上

25.无字碑

面刻了42段文字。其中最珍贵的是碑阳正中一块用契丹文字刻写的《郎君行记》，旁边有汉字译文，内容为1134年金人修葺乾陵地面建筑的事情。契丹文字早已绝迹，这段文字为我们研究少数民族历史文化提供了珍贵的资料。

26.无字碑契丹文拓片

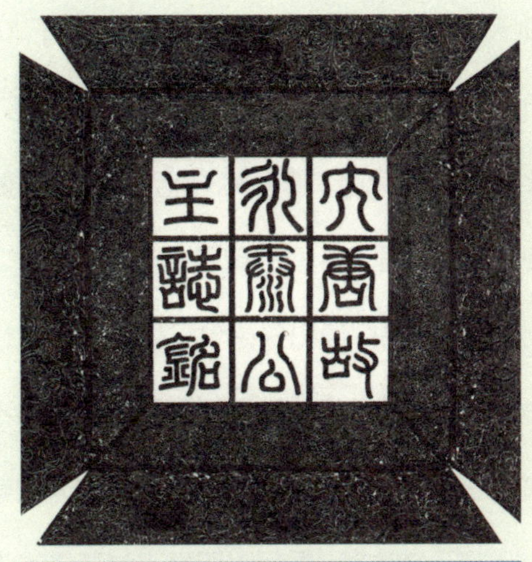

27.永泰公主墓墓志盖拓片

永泰公主墓志　现存放在永泰公主墓第五过洞下面，长宽各为117厘米。志盖上刻“大唐故永泰公主志铭”九个篆体大字。在志盖的四周，雕刻着十二生肖和蔓草图案。其中的十二生肖经过艺术家的提炼，形成各种动物应有的特性，个个生动活泼，形神兼备。墓志上面有在正方形方格中用楷书写成的一千多字铭文，通读可知，永泰公主，姓李，名仙蕙，字秾辉，是唐中宗李显的第七女，武则天和李治的嫡孙女，生于684年，死于701年，一朵17岁美丽高贵的生命之花凋落了。对于公主的死因，作者写的墓志铭文“珠胎毁月，怨十里之无香。琼萼凋春，忿双童之秘药”，成为解读和探讨永泰死因的关键性语句。前句用珍贵的珠子受到月缺的影响不能正常的发育，隐喻了公主受到武则天的威胁不能正常生存。后句以双童之秘药借喻永泰公主获罪于武氏之故使她年纪轻轻而早

28.永泰公主墓志铭文拓片

死。那么，她是怎么死的呢？史书早有结论。《新唐书·诸帝公主》记载：“永泰公主，以郡主下嫁武延基，大足中，为武后所杀。”又据《资治通鉴·则天顺圣皇后》记载：“太后春秋高，政事多委张易之兄弟。邵王重润其妹永泰郡主，主婿武延基窃议其事，易之诉于太后。九月壬申，太后皆逼令自杀。”志铭证实史书记载是可信的，换句话说：永泰公主直接或间接的死因，都是因武则天而引起的。

章怀太子与雍王墓志　章怀太子墓志共有二盒：一为“雍王墓志铭”，一为“章怀太子墓志铭”，均放置于后室甬道口及后室内前端。出土时志与盖错开，也不在同一位置，恐被挪动过。雍王墓志铭系李贤棺柩在神龙二年（706年）由巴州迁回以雍王入葬时的墓志铭。章怀太子墓志铭系景云二年（711年）追赠李贤为章怀太子，其妃房氏与之合葬时的墓志铭。雍王墓志铭长宽各90厘米，

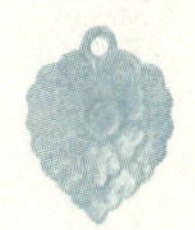

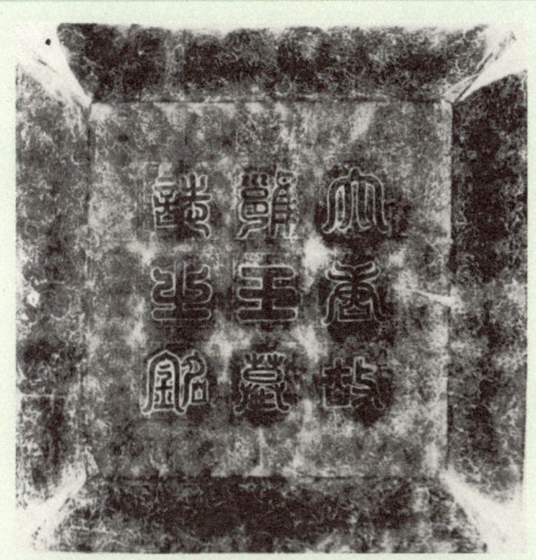

29.雍王墓志盖拓片

30.章怀太子墓志盖拓片

厚20厘米，盖3行9字篆书："太唐故雍王墓志之铭"。盖周边雕刻蔓草及十二生肖，四斜边亦饰蔓草，志文40行，每行41字，共1600余字。志文未署撰书人姓名。书法严正遒劲。志文原刻"故雍王墓志铭并序"，后改刻"大唐故雍王墓志铭并序"。

章怀太子墓志铭长宽各87厘米，厚17厘米。志盖4行16字篆书："大唐故章怀太子并妃清河房氏墓志铭。"四周斜边及志文四边均刻蔓草纹。志文34行，每行33字，约1100字。志文为其子邠王李守礼之师卢灿撰，岐王李范书。这两方墓志同样具有重要的史料价值和艺术价值。

薛元超墓志　出土于薛元超墓，薛元超墓是乾陵陪葬墓之一，位于乾陵博物馆东南约700米处，1972年2月发掘清理。墓志质地系石灰岩，长宽各为84厘米，厚15厘米；志盖雕刻篆书"大唐故中书令、赠光禄大夫秦州都督薛公墓志铭”20字。志文为阴刻正楷竖行，共57行，每行57字，实有文字3249个，唐代有名的文人崔融撰文。是目前乾陵博物馆收藏文字最多的一盒墓志。薛元超此人的生平事迹在文献中有记载，但过于简略，佚误也颇多，该墓志泱泱三千余字的内容远比文献记载更为丰富，事实更为准确，足以弥补文献之阙误。

李谨行墓志　李谨行墓也是乾陵陪葬墓之一，位于乾陵博物馆西南约1公里处，1972年2月发掘清理该墓时出土了该墓志，其长宽均为60厘米，厚20厘米，与其他墓志相比体积较小，雕刻也较为粗糙。志盖正中阴刻竖行正楷文字：“大唐故右员外大将军燕国公墓志铭”。文字四周及四面斜刹线刻蔓草缠枝，技法娴熟，线条流畅，志文也为阴刻正楷，文字多有漫漶，但可连读，仔细辨认，共39行，满行40字，全志实有文字1328个，比永泰公主、章怀太子墓志稍多。通篇墓志文笔流畅，词语优美，书法端庄有力，似师承名门，但无撰写、书丹、刻工人的姓名。虽然墓志雕刻欠精美，但文字内容却有相当高的史料价值。是目前收藏的唯一一盒东北地区古靺鞨族人物的墓志，对于研究少数民族的历史和人物具有重要的参考价值。

除了碑石、墓志以外，巨大的墓葬石椁也是主要的石刻藏品。

墓葬石椁　在已发掘的三座陪葬墓中，与壁画、三彩一同出土的还有雕刻精美、高大厚重的石椁。石椁位于后墓室西侧，外形酷似房屋形状。不但是重要的葬具，也是非常珍贵的文物。其中以永泰公主墓的石椁最为著名，富有时代特点。它是由34块大小形状不同的青石雕刻组合而成，典型的庑殿式顶，由5块青石组成，椁身由10根倚柱和10面石板相互镶嵌构成，底部为9块长方体石

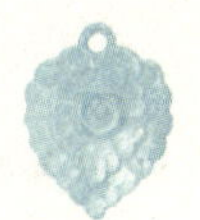

块铺成，经实地测量整个石椁通高1.4米，长3.82米，宽2.75米，据推算重约39吨，共需石料15立方米。是迄今为止国内发现最大的石椁。石椁面阔三间进深二间，椁内的空间是相当大的，永泰公主夫妇的两副木棺南北停放在内，女东男西。我们常说的棺椁，就是指内棺外椁。棺是装殓尸体及随葬品的用

31.永泰公主墓石椁

具，椁是棺外的套棺、护棺的葬具。无论是棺还是椁，古代的使用都有一套严格的等级和规定，不是一般身份、地位的人随便可以使用的，地位不显赫或没有建功立业的人是不可以使用的。

永泰公主等三座墓葬的主人都是当朝皇帝的龙凤子孙，地位显赫，使用石椁，应该是允许的事，不但使用，而且要使用上等的葬具。精美的石椁其实就是象征死者生前的寝宫，造型比例准确，坚固厚重秀美，上有屋顶，中间刻有立柱门窗，下有基座。它当初是在异地制作，并依次编号，写明次序与位置，然后将部件运入墓室，最后组装完成的。

三座石椁目前完好无损，仍然保存在后墓室的原位置上，供观众参观。

三、丹青辉映：乾陵博物馆收藏的壁画和线刻画

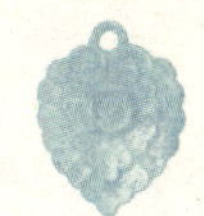

乾陵博物馆收藏的壁画和石椁线刻画以其数量众多、内容丰富、等级之高、艺术性强而著称于世，特别是壁画，就其数量而言，除了敦煌莫高窟外，就要数乾陵博物馆收藏的这批壁画了，它同秦始皇兵马俑和法门寺地宫珍宝号称陕西三大特色文物，具有非常高的科学价值和艺术价值，在国际上颇受重视，研究它的价值和保护方法已经成为国际性的探讨课题。在乾陵博物馆对外宣传和促销活动中，唐墓壁画始终是一张最出色的品牌，在收藏的文物中是最具代表性的藏品。因而也就成为乾陵博物馆作为文化窗口单位吸引观众视线和令观众驻足的魅力所在。

目前，壁画中的大部分真迹经过揭取修复后完好无损地保存在陕西历史博物馆壁画库里，在墓室的墙壁上所看到的除了临摹品之外，还留有极少一部分真迹供观众欣赏。

线刻画是在石椁、石门、墓志以及石雕的基座上镌刻的，其载体是不可移动的大型石刻，除了拓片作为收藏和展示之外，它的原始作品连同载体仍然存放在原来的位置上。同墓室壁画、三彩、露天树立的石刻一样，既是馆藏的重要标本也是对外展示的陈列精品。

1.精美绝伦的墓室壁画

今天，谁能亲眼看到唐人的绘画真迹，哪怕是看到它的残片碎块，都是值得庆幸的事情。但是当你来到乾陵博物馆，就会大饱眼福，面对数量众多、色泽艳丽的墓室壁画，你一定会叹为观止。一千多年前的唐代，许许多多的无名艺术家在阴暗潮湿的地下墓室创作了大量的被现代人称作是墓室壁画的艺术作品。由于墓葬轻易不可损毁的缘故，因而为我们保留了真真切切的唐人绘画真迹。

唐墓壁画是中国古代一种传统的绘画形式，起源甚早。然而，壁画艺术作为一个独立的艺术分类的繁荣时期，却是在经济文化高度发展的唐代。唐墓壁画是唐代绘画艺术的重要组成部分。乾陵唐墓壁画取材于唐代宫廷生活，内涵十分丰富。线条圆浑凝重，色彩富丽大方，画面细致丰润，具有鲜明的时代感和浓郁的生活气息，再现了盛唐画坛的光彩。

壁画的制作过程大体上可以分为四步：第一步，先将墙面整平，再抹上麦草泥作底层；第二步，待稍干后，即将掺有麻类纤维的白灰泥抹平，制成平坦的白灰墙皮；第三步，当白灰墙皮似干未干时，用香头及炭条在上面起稿，经修改，图形准确以后，即勾画墨线的白描稿；第四步，采用“硬抹实开”的办法在白描稿上着色，分别用单线平涂、晕染、叠晕的方法着色。乾陵陪葬墓中出土的壁画，是在高规格的墓葬中绘制的不可多得的艺术珍品，是迄今所见最精彩、最华美的壁画。内容丰富，题材广泛，笔法娴熟，充满了浓郁的生活气息。无名的画师们为我们再现了一千多年前唐王朝宫廷的生活场景与时代气息，为我们提供的信息是多方面的，对我们了解唐代的宫廷生活、服饰制度、对外交往、建筑风格等都是很有帮助的。

32.宫女图

根据画面的内容，专家对其中的大部分一一命名，比如有《青龙白虎图》、《仪卫图》、《驯豹图》、《宫女图》、《观鸟捕蝉图》等，其中较为著名的有《宫女图》、《观鸟捕蝉图》、《狩猎出行图》、《打马球图》、《客使图》和《阙楼仪仗图》等。

宫女图 宫女是墓室壁画中描绘最普遍和最具特色的题材，其中永泰公主前墓室东壁南侧的《宫女图》，也叫《侍女图》，最为生动传神。画面上描绘了九位栩栩如生的身着宫装的宫女，为首者双臂交叉于腹前，挺胸超步前行，姿容高雅华贵，有学者们认为她可能是墓主人永泰公主李仙蕙。其他宫女神态各异，服饰与发式不同，她们各司其职，手持宫廷贵族日常生活用品，分别捧盘、端杯、抱物、执扇、拿蜡烛、举拂尘。她们的发式有高髻、单刀髻、单螺髻、双螺髻。在服饰方面，身体多着曳地长裙，外着半臂披彩帛，薄衣单衫，露颈袒胸，脚着如意尖头履，有的身着圆领窄袖长袍，腰束带，内穿条纹裤，着透空鞋。画面表现了一个夏令之夜，侍女们列队去侍奉主人的情景。画家从正面、背面、侧面等不同角度，运用参差错落的人物布局，虽然没有任何背景衬托，却

33.端杯仕女特写

使这幅看似平淡的人物画，充满了韵律感和一种生动和谐的美感。特别是画面上所描绘的右起第四位捧杯侍女的形象，她身材修长，丰颊秀眉，双手捧着一只高脚杯，身体呈反“S”曲线而立，画家在细致的观察生活之后，画出她外在形象的同时更画出了她的内在气质、风度和神韵，且赋予她一个优美的站立捧杯动作，我们不难发现，她若把杯子捧得高一点，会显得过了，再低一点，则显得谢了，她的姿态可以说不高不低，恰到好处，这是一种自然合度的动作美。所以日本《朝日新闻》美术部主任疋田桂一郎曾经评价她是“中国古代第一美人”。这幅形神兼备的艺术作品，堪称人物画中的杰作。永泰公主壁画在线描技法上，不同于初唐时期铁线描式的“曹衣出水”，也不属于盛唐时期“莼菜条式”的“吴带当风”，它介于“曹衣出水”向“吴带当风”过渡阶段的线描技法。其技法娴熟，如行云流水，抑扬起伏，富有韵律感，画面有两者交替使用的痕迹。

观鸟捕蝉图　这幅画出土于唐章怀太子墓前墓室西壁，画面描绘了三位侍女在宫廷花园内嬉戏游玩的瞬间情景，仅用一树、一石、一鸟和一只停息于树上的秋蝉作为情景气氛的烘托，是一幅反映人与动物、人与自然和谐之美的秋情意趣图。通过观察，我们发现，画家的高明之处在于对三位宫女心灵之窗——眼神的刻画。前面的侍女，年龄较大，双手相交搭于腹前，目光呆滞，若有所思。中间的一位头梳双髻，一身时尚的胡装扮相，年龄较小，无忧无虑的目光，神情专注于树上的那只小蝉，蹑手蹑脚，轻甩右衣袖，正欲捕捉树干上的秋蝉。就连我们这些欣赏这幅画的局外人，也不由得会放慢脚步，屏住呼吸，真害怕惊动了那只树上的小蝉。最后的这位侍女年龄稍长，仰起的脸庞上一双充满希望的眼睛，左手挽臂纱，右手扶着欲插入脑后的发钗，正仰头观看天空飞翔的一只小鸟，她渴望自由的神情俨然溢于画面之外。优美的生存环境，艳丽时髦的装束，裹着她们年青的身躯，却包不住她们祈盼自由的那一颗颗跳动的心。画面虽然没有

34.观鸟捕蝉图

描绘一砖一瓦，但每一位用心的观者却能感受到那高大厚实的宫墙的存在，不由得被一种沉闷、压抑的心绪左右着、牵引着。回到现实，你定会感到自由是多么的可贵与美好。整幅作品艺术家用简单的构图作为铺垫，运用中国传统绘画写实与写意相结合的表现手法，通过人物的眼神、姿态、服饰色彩及款式，人物、动物、静物等细节描绘，作品构思巧妙，布局合理，动中有静，动静结合，运用自然界的和谐与人物心境的不和谐，这种矛盾、对比、反衬的艺术表现手法，为我们展示了一幅婉丽的宫廷风俗画，并为我们讲述了一个唐代宫女们空寂无趣的生活故事。

狩猎出行图 该画绘制于章怀太子墓入口处的东壁墙面上。图中绘有40余骑人马，另有两匹骆驼满载狩猎用的辎重物资，近处有林木相间，这是一个分工明确的狩猎队伍，整幅画面由前导部队、中队、后卫及后勤部队四部分组成。他们驾鹰、抱犬、跃马、扬旗，反映了唐王朝一位太子狩猎出行的壮观场面，故称《狩猎出行图》。展示在我们眼

35.狩猎出行图（局部）

前的是这幅作品最生动、最精彩的局部画面。一大队人马呼喊着疾驰奔向狩猎场，人马过后荡起的漫天沙尘，给人以扑鼻窒息之感。我们似乎听到了人声喧哗、骏马嘶鸣和马蹄疾驰而过的踏踏声，这样喧闹热烈的场景，借唐朝无名艺术大师之手笔，在此得到了永恒，我们在感叹之余，更多的是在心中涌动的对唐朝艺术家的无限敬佩之情。

36.打马球图

打马球图　马球也叫波罗球，英文polo，是一项人骑在马背上打球带有娱乐性质的体育运动，南北朝时期从波斯（今伊朗）经西藏传入中原，到唐代已成为一项上至皇帝，下至文武官员、兵士、侍女及平民百姓都喜好的

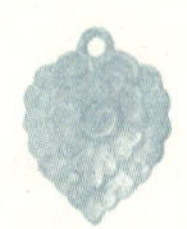

37. 打马球图特写

38. 打马球图特写

体育运动比赛项目。《打马球图》原作绘在章怀太子墓道入口处的西壁上，与东壁的《狩猎出行图》相对称。这幅图描绘了在郊外山谷中进行的一场激烈争球的运动场面。画面上共绘有五人，他们每人身骑骏马，手持球杖，正在激烈地争打地上的一只红色小球。前一球手身体重心后移，右侧身反手作挥杆击球状，其余三人皆俯身纵马持杖相迎，而另一个人我们只能想象，因为画面被烟尘笼罩，只能看见马身的左侧后半部分。画面的交点集中在一个骑枣红色骏马，身体重心后移，手持月牙鞠杖，坐骑向前疾弛，右侧身后视，反手作挥杆击球状的球手身上。他是这幅画的灵魂与核心。打马球是一种紧张激烈、动人心弦的体育运动。无论是追球、夺球、击球、接球各方面都必须配合的天衣无缝，并能锻炼人的机智、勇敢、灵活的性格。人马合二为一，成为一个有机的整体，从而达到纵控自如、出神入化的境界。这是一幅古代马球运动的真实再现，不仅是研究唐代

39.阙楼仪仗图

体育运动的重要资料，也是中外友好文化体育交流的有力实证，具有很高的历史和艺术价值。

阙楼仪仗图 出土于懿德太子墓墓道东西两壁。壁画内容反映的是身为太子的李重润率兵即将出城的一个宏大场面。画面描绘了高大的阙楼及与之相连接的坚固的城墙，城墙下是由26人组成的人马肃立的仪仗队伍，旗幡被山风吹动而飘扬，背景以城外的峰峦叠嶂作为衬托，更显画面的宏伟与壮观。仪仗队由骑兵和步兵两个队列组成，官兵们个个精神饱满，列队庄严肃穆，充满着

40.客使图

高昂的士气和昂扬的斗志，是封建时代太子大朝仪仗时的宣赫场面的情景再现。

客使图　被称作《客使图》的壁画共有两幅，分别位于章怀太子墓墓道东、西两壁。其中内容最生动、保存最完整的是东壁上的那幅。

画中描绘了六位神态各异的人物，前面三人穿着唐朝的朝廷官服，仪表堂堂，落落大方，举止优雅，一副东道主的神情，他们是唐朝政府负责外交事务的官员，职责就是接待来访的外宾；后面三人神态拘谨，谦恭有礼，身着不同款式的服装，显然是来自不

同的国度。因为他们是远方的客人、是外国的使节，所以这幅画起名叫《客使图》；又因为画面的主题是描写唐朝官员正在接待外宾，因此也叫《礼宾图》。

从装束和相貌上看，头戴鸟羽冠的客人是来自朝鲜半岛新罗国，也就是今天的韩国的使者；紧挨他身旁的客人来自当时东罗马帝国，就是今天土耳其一带的使者，他最显著的特点除了鼻子高以外就是头顶剃光，只保留后面的一圈头发，变成一个环状；最后一位身穿毛皮服装，应该是来自我国东北寒冷地区的一位使者。这幅画不仅画出了六个人的形象，画出了他们的服饰与神态，更重要的是画出了各国使节不顾路途遥远，艰难跋涉来到长安的情景，折射出大唐帝国在当时的崇高国际地位和形象。而大唐帝国也表现出分外的谦虚和热诚，派出高级官员隆重接待这些远方的宾客。最后，唐代的艺术家又特意把这一幅壁画画在太子墓室中的重要位置，表明了唐人对中外友好交往的特别重视。

这幅画因为是反映古代外交场面的作品，非常罕见，因此特别重要，并得到世人的高度赞赏。凡是有过外交职业生涯的人士都对它情有独钟，也很受外国元首的青睐。1998年6月，当时的美国总统克林顿在陕西历史博物馆观看唐墓壁画时指着它说：“我最喜欢这幅作品。”

2.独具特色的石刻线画

今天的画家作画，用柔软的毛笔在洁白的宣纸上或者在平整的墙壁上按照起样、勾勒、着色的程序，创作出一幅幅艺术作品，可谁曾想到，古代人除了使用上述工具作画外，还在坚硬的石面上创作出了精美绝伦的作品，且保留到了今天，这就是唐代石刻线画。他们使用的工具无非是一把锋利的刻刀，所使用的材料就是大自然中非常普通的石头，除此之外，再无别的，连任何的颜料也不需要。看，多么的简单。画家用一把刀直接就在石面上连刻带画，既是刻也是画，实在令人佩服。

石刻线画作为我国古代一种独特的民族艺术形式，是将绘画艺术和雕刻技法融为一体，在平滑光洁的石面上，巧妙、灵活地运用刻刀，如同画家在纸上运笔，流畅自如地刻出要表现的内容，所以，这种石刻线画是以线条为主的艺术。刻出的线条，既可以刚劲挺拔，也可以圆润秀美；既可以一刀到底，也可以起承转合，将线条所特有的美表现得淋漓尽致，从而刻画出一幅幅造型逼真、生动传神、引人入胜的艺术形象，反映出中国传统绘画中以线造型、以形传神、形神兼备的特点，被誉为我国古代美术百花园中的一枝鲜艳的奇葩。

乾陵博物馆收藏的线刻画，大多集中于石椁内外、石门上下、石墓志四侧和石雕基座之上，其中以石椁上的数量最多，也最为精湛。因为它们刻在石椁上，故名“石椁线刻画”或“石刻线画”。线刻画中内容最多的是人物形象，也是线刻画中雕刻最为精美的作品，艺术家通常采用屏风画的形式来表现，在高约1米，宽有0.8米的石板上镌刻，一般每扇刻一二名仕女，露白处刻花草斗艳，木石争俏，小鸟鸣嘀，周边饰有宝相花、缠枝、蔓草、云纹等装饰图案，所镌刻作品内容生动而富有生活气息，自然大方让人感到愉悦，比例准确绝无笨滞之感，仿佛就像一幅幅屏风画，给人以细腻而深刻的印象。黑白色调为主的画面，具有深邃、悠远的感觉，往往使每一位观者在凝神静气之余，会顿然抛开世俗的浮躁心绪，进而欣赏那一幅幅线条刚劲、纤细、流畅的画面，并在线条的变化中体会历史悠远而美好的瞬间永恒。

在永泰公主石椁的内外壁上，阴刻着互相分隔的十五幅仕女人物画及二十四幅缠枝蔓草鸟兽纹图案，总面积40平方米。画中的宫女们有捧盒、抱壶、赏玩花枝的，也有凝神静思、闲立对话的，还有女着男装、俏丽潇洒、恬静端庄的。形态端庄闲雅、媚丽异常，概括地展现了我国盛唐时期宫廷生活的典型场景。所用线条挺拔流畅，雕刻技法高超非凡。融传统的线描功夫与雕刻技艺于一体，珠联璧合，相得益彰，不仅生动而传神地表现了宫女们不同的姿态神情，而且深刻精练地刻画了她们各自的性格风采，也富于很强的装饰性，使石椁显得富丽华贵。是当

41.披纱仕女图

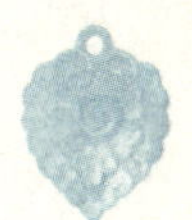

时线刻艺术的杰作。

这幅《披纱仕女图》堪称所有线刻人物画中的精品，画面上的宫女头梳螺髻，后插步摇，身穿短襦胸上衣，外套对襟半臂，两襟以宽带相结于胸前，下穿曳地长裙，足着云头高履；两手持披纱在背后翩翩展开，似将婆娑起舞，窈窕袅娜，风采照人。脚旁为盛开的鲜花，头侧是飞翔的锦鸡，使人感到生机昂然，一片春意。画家运用铁划银钩般的线条，加上娴熟的镌刻技艺，使全画显出一种流畅挺健的美感。尽管是静止的、简朴的石刻画，却神奇的让我们如同看到眩目的色彩，听到悠扬的音乐，甚至不由得不应着节奏“手之舞之，足之蹈之”起来。

懿德太子墓石椁线刻画雕刻得细致、优美，具有唐代线刻画刚劲、明快的特点，比如石椁外东壁正中的《戴步摇仕女图》被认为是其中精美的代表作。画面上刻出两扇门扉，相对而立的两位宫女位于门扉外面，头戴凤冠，凤冠前后插下垂玉珠的步摇，身穿

42.戴步摇仕女图

宽袖袒胸短衫，下着曳地长裙，袖上刻出鸾凤一对。宫女比例适度，神态婉秀端庄，形象丰满，雍容华贵。加上富有生机的蔓草与人物顶端的一对鸳鸯，共同组成一幅爽朗、大方、富有情趣的完美作品，给人留下了深刻的印象，具有很高的艺术价值。

章怀太子墓的石椁线刻画与壁画同等重要，也为该墓的重要文物之一，它包括两种形式，一种是边饰的植物花纹，一种是人物、动物、花鸟、草虫等，与壁画的风格一致，尤以边饰花纹见长，线条流畅柔和，造型逼真，看来也是高手起样，熟练的老镌工精心刻制的，具有较高的艺术水平。这幅《倚柱蔓草图》，刻在石

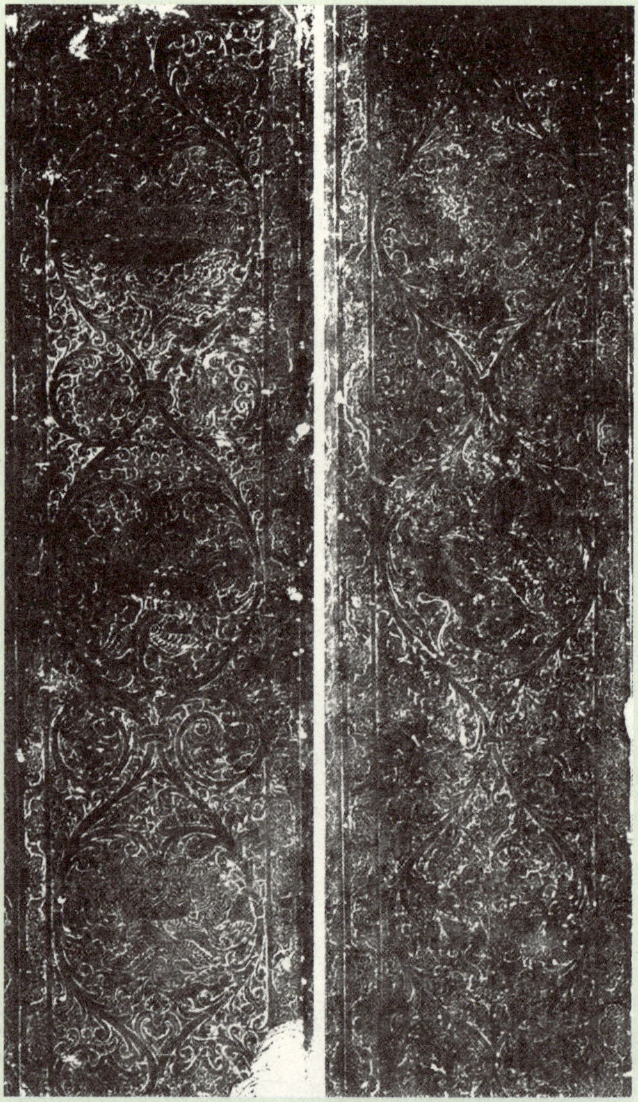

43.倚柱蔓草图

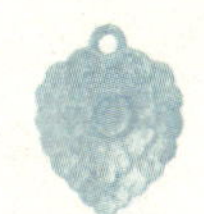

楟的倚柱上，是繁丽的装饰图案，以韧而不折、翻卷自如的蔓草为素材，间有绚丽的花鸟纹饰配置点缀。装饰性强，且线条圆润流利，是唐代线刻画中富有图案意趣的典型作品。

唐代的装饰图案，可以说是蔓草的世界。线刻画是最易于刻画那柔中有劲，韧而不折的蔓草花纹的。线在这里也充分发挥了它的长处，婉曲回折，抑扬交错，使人眼花缭乱，只感到那些刻画在石板上的唐代动物和花草，生气昂然地向人们夸耀着鲜活与美丽。拓片虽然只是黑白的，可是由于缠枝蔓草纹饰的华丽，会让人有五彩纷呈之感。

《挽巾正面仕女图》，这幅画面上，一位侍女云鬓明眸，正面而立，身穿长裙，外搭披帛，披帛挽在手臂，拢于腹前，脚蹬云头如意高履，右履被裙角遮盖，自然生动，富有情趣。因为是正面形象，所以五官刻画相

44.挽巾正面仕女图

当细腻，柳眉、凤眼、樱桃小嘴恰到好处地镶嵌在一张丰满的脸庞上，再梳一头流行的高螺髻发式，一位端庄矜持、清新自然的唐代宫廷仕女出现在我们面前，使我们看到了唐代美女的真实形象。仕女周围线刻花卉草木和自由飞翔的小鸟，营造了画面的环境和气氛，仿佛这位仕女意态闲适地陶醉在花香鸟语之间。这幅画是所有石椁线刻画中少有的以正面形象出现的唐代仕女，有人认为是永泰公主的形象。

《双人交谈图》，这幅画面上的人物动态强烈，左面的这位双手交抱于胸前，身份似乎较高一点，转过头侧身向她旁边的宫女吩咐着什么，神态雍容华贵；右面的宫女虽只能看到她的侧影，但全神贯注的神态却已跃然画面之上。

45.双人交谈图

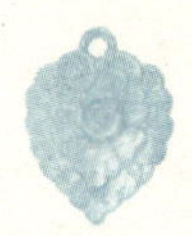

《双人戏鸟图》，画面上一高一矮两位宫女徜徉在花卉盛开的苑中，正在戏逗一只被驯养的美丽长尾鸟。长尾鸟站在一宫女右手背上，宫女正用左手食指戏逗长尾鸟。两人神情悠然、仪态生动。所着服饰均为长裙短襦和披帛，头梳螺髻。

线刻画是用白描手法，全部用阴刻线条来描绘景物的图画。乾陵的线刻画刀法刚劲，技巧娴熟，所刻宫女呼之欲出，鸟兽形神兼备，花草生意盎然。整个画面气韵生动，优美传神，线条流畅，堪称石刻艺术中的瑰宝。

46.双人戏鸟图

四、三彩流光：乾陵博物馆收藏的唐三彩

在乾陵博物馆的众多藏品中，唐三彩是一道亮丽的风景线。唐三彩是我国古代陶器家族中的一个特殊种类，就它的名称而言，在任何史书中都没有记载，也少见传世的东西，起名叫唐三彩是近代的事情。1899年，修筑陇海铁路，当工程进行到河南洛阳附近，掘毁了一批唐代墓葬，出土了大批的陶器，器物的表面呈现出黄绿白、黄绿蓝或黄绿赭等色彩，颜色艳丽，表面光滑。因为这批陶器出自唐墓，器物的表面又都是三种颜色装饰，人们就将其定名为唐三彩。以后随着出土数量的增多、种类的齐全和分布地域的扩大，人们发现唐三彩并不限于三种颜色，有四种、五种，也有两种和一种，有浅黄、赭黄、浅绿、深绿、蓝色等，随心所欲，不受约束。由于我国古代习惯上以三和五代表多数，“三彩”即多彩的意思。而三彩是最先称呼的，于是唐三彩这个名称就约定俗成沿用至今了。

经过文物科技工作者研究发现，唐三彩实际就是穿上漂亮外衣的陶器。中国陶工曾在汉代给陶器穿过黄褐色的铅釉外衣，又经过千年的努力，终于把陶衣穿得更漂亮了。

唐三彩是怎样制作烧造出来的呢？其程序分别为选料、制胎、烧胎、施釉、烧釉、开相六个步骤。制作时必须选择上等的黏土或瓷土，筛选杂质后，把筛选过的黏土或瓷土倒入专用器物内加水经过反复磨擦、搅拌、沉淀，制成很细的泥料备用。根据需要采用轮制、模制、捏塑等方法，做成各种形态的胚胎，然后放置在阴凉处阴干，这种胚胎叫素胎。唐三彩的烧制过程分两次：把干后的素胎放入窑内，烧至1000～1200℃时取出，待冷却后施上配好的彩釉，再放进窑内重烧。这次焙烧应掌握好火候，大约800～900℃时釉汁在高温下完全熔化后形成釉面，便可取出开相。所谓开相，是在未着色的俑类头部，用朱红点唇，用墨笔绘出眉毛、眼睛、胡须、头发，使之成为一个形态完美的三彩俑。唐三彩器物因其独有的施釉方式，造就了斑驳陆离、五彩绚丽的艺术效果，与那些同时代的彩绘陶器相比，更富有变化性，突出了唐人开放和追求富丽的特点。更以其色彩的绚丽和造型的别致而成为中国古代艺术史上瑰丽无比的一支奇葩。

大约在唐中宗时期，唐三彩的烧造技术和制作工艺达到了鼎盛。统治阶级按照“视死如事生”的原则，将大量制作精美的唐三彩器物埋入墓中，以祈求在另一个世界里能继续享用荣华富贵。

说起唐三彩，要数今天的西安和洛阳两地出土最多，这是两地都曾作过当朝首都的缘故。仔细分析两地出土的唐三彩风格却不一样，西安唐三彩注重写意，古色古香，形体上比较丰满、夸张，寄托着作者的丰富情感。洛阳唐三彩形体准确，比例适中，接近现实生活，胎体发黄、色彩鲜艳、表面光华。参观欣赏过程中，请你注意仔细观察。

唐永泰公主、章怀太子、懿德太子等陪葬墓出土的唐三彩正是这一时期的产物，其造型、釉彩、烧制俱臻完美，反映了当时陶瓷工艺的高超水平。出土三彩虽然只有几百件，但品种繁多新颖，有表现人物形象的文官、武士、天王、胡人、男仆、贵妇、侍女、镇墓兽等，有各种形态的动物，如马、骆驼、羊、猪、狗以及生活器皿如碗、盘、瓶、盆、酒盅、罐、钵等，其中以各种造型的男女俑居多，制作精美。下文介绍的这几件可谓是其中的代表，它们均展示在“乾陵文物精华展”的陈列室里。

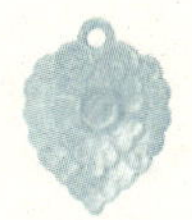

1.造型奇特的镇墓兽

出土于章怀太子墓的两尊三彩镇墓兽，俗称辟邪，通高1.14米，是迄今为止，唐墓出土同类明器中最高大者之一。

这两尊镇墓兽其中一尊如龙的头，长有双角，并有戟直立，身生一双鹰翅，足下为四只爪子，非禽非兽；而另一尊则明显是武士的面孔，马蹄足，头上有角，臂长双翼，鬣毛耸立，非人非兽。显然，这种怪异的动物，不是工匠的随意制作，而是刻意创造。它们集取各种动物身体的某些部位，附着在一个组合的、独创的、奇异的形体上衔接拼装起来，其造型是那么的狰狞恐怖、令人畏惧，它是放在墓门两侧，用以驱魔辟邪、镇墓的陪葬品，其形象给人以凛然不可侵犯的艺术感染力。

47.镇墓兽

2.栩栩如生的各种俑

乾陵陪葬墓出土的男女三彩俑，数量最多，造型也最为生动。不仅表现了不同形象、不同性格、不同姿态、不同装束、不同民族，还塑造出不同等级、不同地位和他们特定的思想情感。

武官俑 冠上饰有一只展翅欲飞的小鸟。此鸟叫鹖，即鹖鸡，是一种勇健好斗不惧生死的鸟。因此，这种冠称为鹖冠。相传春秋时孔子的弟子子路曾戴过这种冠。到了唐代，在武士的冠上经常可以看到这种装饰物，它是猛健与常胜将军的标志。

48.武官俑头部

49.武官俑

文官俑 文官俑头戴三梁进德冠。三梁进德冠是唐太宗李世民结合进贤冠和幞头亲自创制的，以冠梁数区别等级，作为礼冠，以赐臣下。一般情况是皇帝七梁，王五梁，三品以上的贵官三梁。能享受如此殊荣的文官俑其身份都是非常尊贵的。这两尊三彩文武俑，是唐三彩中的极品，通高均在1.2米以上，虽经1300多年，出土时色彩艳丽如初，曾有幸多次出国参加海外展出。

50.文官俑

51.文官俑头部

女俑 照片上的女俑五官刻画得有失秀美、生动，表情板滞、沉重，但时髦的发型和流行的服饰却透出女性温柔、典雅的特征，体现一种整体和谐之美。所着服饰，有

52.女俑

的是曳地长裙，有的是圆领长袍，有的外着半臂，有的身穿胡服，色泽不同，款式各异。其发型更是引人注目，使人感到好奇，有梳螺髻的，有梳反绾式的，还有梳双髻的，虽然不清楚她们发型梳理的过程，但从放大照片上我们看到了清晰自然的柔顺发丝和翻卷自如的盘结发型。尤其那位头梳高耸发髻、身穿绿色曳地长裙，外披半

帛的女子，塑造得亭亭玉立，端庄娴静。

天王俑 两尊天王俑出土于唐章怀太子墓，通身施绿色彩釉，面部涂白，头戴兜鍪，身穿铠甲，脚穿长靴，身体比例协调，形象生动逼真。兜鍪，武士头上戴的一种盔，古称胄，汉以后称兜鍪。这两尊三彩俑其形象塑造，令人赞叹。他们圆睁双眼放射着慑人的光芒，身体发达的肌肉透着威猛正义的气

53.天王俑

54.天王俑头部

55.天王俑脚下鬼怪

质。坚实有力的右脚下踩踏一伏卧着的鬼怪，左手叉腰，右手握拳状，而他身体的重心却在右脚上。脚下的鬼怪，尖帽大耳，鼓目咧嘴，垂死反抗，作挣扎状。其警示意义在于：武士为镇守地宫之王，若谁胆敢来盗墓，那么下场就同这鬼怪一样被永远踏在他们的脚下。

骑马狩猎俑　这两位梳奇特发型、穿大翻领长袍，表情温和高雅的胡人，骑着骏马站立在一块长方形平板上，通高31、全身长37.5厘米，胸肌突出，束尾打结，双眼圆睁，双耳上竖，一副机警的神态，密切地注视着前方，似乎在聆听周围的响动，随时待命而发。那位侧身注视、没给我们展示正面形象的胡人，工匠对他的观察可谓细致入微，对他的塑造也可谓一丝不苟。他在向前行进的过程中，在身后似乎发现了猎物，不由得注意力高度集中，侧身左转，工匠抓住转身的

56.骑马狩猎俑

这一微小动作着力刻画，使这位骑马胡俑引人入胜，耐人寻味。两位胡俑身后的马背上分别置有一只小动物，前两腿竖立，后两腿呈蹲卧状，尾巴后翘，扭头审视着马的侧方，似乎在巡视周围猎物的出现，身形虽小，但刻画生动有趣，观察它们的造型，查找文献可知，两只小动物分别叫猎豹和猞猁，都是当时外国使者赠送给大唐政府，经过一定训练专门用于狩猎的动物，在懿德太子和章怀太子两座墓室的壁画上都可以看到这种动物非常清晰的形象。我们不清楚两位胡人来自哪个国家、哪个地区，也不知道属于哪个民族，总之，把他们塑造成形神兼备的胡人形象是当时对外文化交流事实的生动写照。

57.骑马狩猎俑

3.丝路上的马与驼

三彩马与牵马胡俑　这一组文物出土于章怀太子墓。三彩大马，马身象牙白色，马蹄咖啡色，金鞍绿鞯齐备，马头套及马身均贴黄花，花心绿色点缀其间，马头向左微侧含首屏气，马尾紧扎翘起，马身、马腿肌健纹理块状均匀，自然清晰分布于身体各部位，膘肥体壮，臀圆腰长，形体高大，造型生动传神，可谓马中之龙，稀世珍品。马左前方站立一位三彩牵马胡人，上着绿色大翻领、束腰、窄袖、长袍齐靴，深深凹陷的眼睛里满含笑意，方圆形脸庞两侧镶嵌着一对深深的酒窝，由于笑意的牵引，使嘴角上翘，脸部表情自然舒展，颧骨微突，眉心呈“X”形，面部表情十分丰富。头顶的发丝纹理细腻逼真，发辫在两耳上端用红头绳扎紧后辫起相交脑后一圈盘起，头向左微偏，右手呈握缰绳状，与他右后方的三彩马相呼应。这一完美的人马组合，充分反映了唐朝太平盛世的景象和工匠大师们高超的艺术水平。

58.三彩马与牵马胡俑

三彩驼与牵驼胡俑　这一组文物出土于唐章怀太子墓，是一匹深赭色的双峰骆驼。双峰骆驼产于西

北新疆和中亚、西亚一带。骆驼呈站立姿势，形体高大，姿态劲健，驼头高昂、前伸，尾向左下卷曲，驼身肌健纹理自然清晰，驼峰上驮虎头形囊，囊的旁边有绿白相间的丝线环绕，囊下有棕色架板，釉色从骆驼身上自然流下，形成了自上而下的流釉效果。胡俑头戴赭色尖顶帽，大刀浓眉、鼓目，阔嘴上翘的八字胡须，满脸络腮胡须，典型的西域胡人形象。身穿大翻领紧袖、束腰、褶皱裙，腰下裙摆尖叶瓣装饰，脚着绿色长靴，右手高，左手低，呈握绳状。看到这一组文物，我们的脑海中立即会浮现出一幅一望无际的沙海中丝绸之路上驼铃叮当、不绝于耳的生动画面。

59.三彩驼与牵驼胡俑

4.种类繁多的生活器皿

乾陵陪葬墓出土的唐三彩生活器皿很受人们的珍视，虽然它们不能实用，但作为一种可供观赏的艺术品和收藏品却有很高的价值。

很早以前，古人就把吃饭穿衣列入文化艺术范畴，吃饭不仅仅满足于人们单纯的生理需要，更要求色、香、味、形、器的审美协调，前四个字是对菜肴本身的要求，最后一个字则是对餐饮器皿的讲究。不同食物，不同形态所用器物有许多讲究，而不同时代所用的不同餐饮器具也构成了一幅幅千姿百态的饮食风俗图，尤其是唐代，餐饮器具名目繁多，不拘一格。我们看到的这些器皿，如酒盅、熨斗、瓶、罐、盘、碗就是其中的一部分，它们不但是实用品，更是具有观赏价值的工艺品。

碗　碗是生活当中的实用器，它的产生距今已有七千多年的历史。这是永泰公主墓出土的一件非常精美的器物。为奢口、圈足。碗内由24道绿白相间，上有杏红色小点点缀其间的条纹装饰，色彩浓烈艳丽。碗外则由上、中、下三部分组成，除下部圈足外，上中两个部分之间用一条稍突起的线条隔开，中部花纹较繁，上部花纹较窄且疏，碗外部也是绿、白、杏红三色装饰，但用色较清淡。宽窄相间的花纹，繁简有致的纹饰布局，浓淡相宜的色彩构图，使这

60.碗

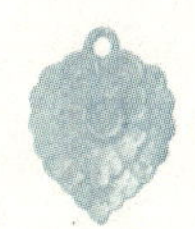

件器物显得华美高雅，富丽而不媚俗，集实用性、美观性、艺术性于一体，是一件不可多得的艺术品。

盘 盘子是人们日常生活中盛菜的特殊器具。这只盘子，绿底色，且红白相间，盘内有三叶瓣状白色花纹相错装饰，中间尤如几只红色的金鱼游弋在碧水绿草之间，又像盘内盛着一大朵火红的花一样艳丽夺目。用这样的器物摆设或实用，都会给人以赏心悦目的感觉。这只盘子用色大胆，工艺精致，可以说是同类器物中的上品。

62.小酒盅

小酒盅 中国素有“礼仪之邦”的美称，古人云：“无酒不成礼。”自古以来，我国就有发达的酿酒术和应运而生的酒文化。这只小酒盅就是其中的一种，它与现代、特别是陕西关中地区农村使用的小酒盅几乎一模一样，做工精细，小巧玲珑，象牙白、翠绿釉色自然过渡，交错使用，使其呈现翠玉般温润的质感。

熨斗 现代人熨烫整理衣物使用的是电熨斗或者是蒸汽熨斗。但唐代人使用的却是这种小小的陶制熨斗，由于过于小巧，显然不是实用器，只能是陪葬的明器而

61.盘

63.熨斗

已。唐代人用的是比这种器形较大的陶制或铁制熨斗，器物里盛放烧红的木炭以增加温度来熨平衣物。唐代画家张萱的《捣练图》中有一妇女正在用熨斗精心熨烫布料。她手中所持的物件与这件实物器形相同。

绿釉瓶　瓶釉质明亮，色调纯正。器物上只有一种绿颜色，即单色釉。在古代，瓶是盛放食物、酒的器具，也是汲水（从井里打水）器具。它们在日常生活中充当着看似简单但不可缺少的角色。

双螭柄尊　是贮盛用具中的一种，通高50厘米，1972年出土于章怀太子墓。出土时

64.绿釉瓶

已经破损，这是经过修复之后的作品。它的造型特点是口部作成杯形，颈部较长，肩部丰满，腹部圆鼓，下腹缓慢收束，圈足底。口与肩部有对称的细柄，创作者在柄制作上匠心独运，柄为相对的二螭，螭首深入尊内作戏水状，弓身曲尾，弧度很大，既与尊的腹体相称，又富于自然变化。螭首雕工精细，眉须清晰，双角上翘，栩栩如生。器物通体施浓淡相间的翠绿色釉。在同类器物中是比较高大的一件。

65.双螭柄尊

三彩生活用具是相当多的，这里介绍的几件只是其中的代表。无论是瓶、尊、罐，还是碗、盘、熨斗，每件器物的各个部分都富有变化，但又和谐地联成一个整体，有些器物形体较大，胎体比较厚重，因而气魄雄伟，浑厚饱满，如罐、尊，适于贮盛物品；有些器物如瓶、盘、盅，形体很小，但便于随手使用。它们的共同特点就是从主体到附件（如腿、足、柄）的设计都很稳固。总之，这些器物的出现为唐三彩这个艺术家园增添了光彩，丰富了内容。

五、秘宝琳琅：乾陵博物馆的其他收藏

除了石刻、壁画、线刻画、三彩俑等文物之外，乾陵博物馆还收藏了一些其他类型的精美文物，包括金属器物、玉器、陶器等。这些文物也具有很高的史料价值和鉴赏价值。

1.高档次的金属器物

铜铺首 也叫门钹，是古代深宅大院门扇上的一种物件，分别安在两扇门扉口沿上下中心部位，起拉手作用，也装饰大门。这一对门钹，直径 15.5、厚0.1厘米，采用青铜材料模压成型，表面鎏金，门钹浮雕成虎头状，是为兽面，宋代人称铺首，或“门铺”，它是从青铜器上的兽面衔环演变而来，常用铜、金或鎏金做成兽面衔环状，如今在个别

66.铜铺首

大院的门扉上仍可见到如此形象。浮雕的虎，双目圆睁，眉毛翻卷，牙齿外露，表情凶猛，大张的口衔一直径11.5厘米的门环，周以浮雕加线刻的方法刻出卷叶纹形成门钹的外轮廓，更增加了兽面的生动效果。把门钹作成形象凶悍的兽面，取其兽守闭门户之意，铺首上安装门环则是为了开闭门扉方便，两者巧妙结合，显示出古人丰富的想象力。

鎏金门锁　这件鎏金品是墓里面用在木门上的物件，我们称之为鎏金门锁，由锁杆、锁套、锁簧和钥匙组成。锁簧从右侧镶入锁套之内，铁锁随即闭合，若钥匙从锁套左侧捅入，接触锁簧，锁簧弹开，铁锁开启。锁，给人的感觉是沉重、无奈，但幸好跟它配在一起的东西叫钥匙。有了钥匙，应声而开，使人们体会到了“解救和释放”。

鎏金工艺是我国古代一种特殊的金属制作方法，具体过程是用金和水银的合金涂在金属表面，经烘烤或研磨使水银挥发而金留在器物上。像这样档次很高的门锁使用者只能是皇室贵族和高官大臣，其他人是不能使用的。锁是人类生活中必备的用具，是人类生命财产的保护神，如同吃饭穿衣，一刻也不能离开。考古资料表明，我国是最早发明

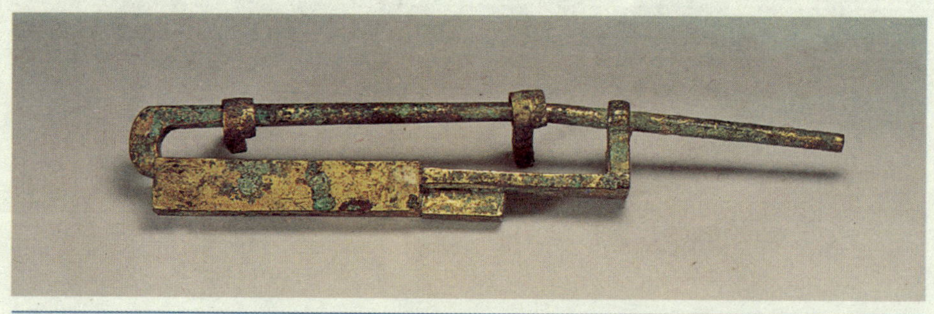

67.鎏金门锁

和利用锁的国家之一，可谓历史悠久；锁的种类繁多，制造精巧，有着丰富的文化内涵。六七千年前发明了木锁，西周时期出现了青铜锁，到了2100年前的东汉已普遍生产和使用金属锁，唐代制锁工艺已经相当发达，明清时期是古代锁具的繁荣时期。直到20世纪50年代中期，具有悠久历史、为人类服务长达约7000年的古锁才退出历史舞台。

金饰品　在古代，朝廷饲养的马不但骑乘、行军、作战、运输，同时还用作仪仗。仪仗之马称为仗马，当朝廷有了重大节日或重要外事接待活动，仗马与大象等动物一同站在规定的位置上，起烘托作用。仗马参加重大活动，首先要进行装饰打扮一番，让它们与普通的马有区别，显威风、壮国威。

这5件鎏金小饰品就是仗马身上的装饰物品，很像我们经常见到的杏树叶，所以古人干脆依此称之为杏叶，它的制作材料和工艺与鎏金门锁相同。做工精细、图案优美，体现了我国古代金工制作技法的高超。

铜镜　在我们日常生活中，镜子是人们照面饰容的生活用具。考古发掘表明，古人用铜镜已有四千多年的历史。很早以前，我们的祖先用瓦器、火盆盛水照容，叫鉴。随着铜器制造业的兴起，人们逐渐用铜盆盛水

68.金饰品

照面，当时人们称铜为金，把这种铜盆又称为鉴。大约到了商代初期，开始铸造和使用铜镜，一直延续到清代水银玻璃镜的应用，才使铜镜制造逐渐绝迹。1971年，文物考古工作者在发掘清理章怀太子墓时，出土的这面铜镜，据考证它是墓主人生前使用过的。直径24.5、厚1.5厘米，重4.26公斤。此镜

69.铜镜

颜色洁白如银，至今仍明亮如新，光可鉴人。镜背面有三十二个精致的楷书铭，文按顺时针方向读曰："鉴若止水，光如电耀。仙客来磨，灵妃往照。鸾翔凤舞，龙腾麟跃。写态征神，凝兹巧笑。"根据镜铭的第一句话和一般命名规律，我们将这面镜定为"鉴若止水"镜。镜铭大意为：光滑的镜面平整如静止的水平面一样，太阳照在镜子上的反光，像一道道闪电那样夺目耀眼。它是巧夺天工的工匠们精心磨制出来的，当时唐代最美丽的女人太子妃曾经用它仔细端详过容颜。除此之外，你还看到鸾凤翱翔，龙腾麟跃的情景，而无论何人使用它，都会被它的神奇征服。因为镜子里映照出的是一张连你自己都无法相信的美丽动人的笑容。这面铜镜不但有富丽典雅的纹饰，还有内涵深邃的铭文，合理的化学成分配比，精良的制作工艺，可以说达到了唐镜制作的极致，堪称铜镜中的杰作。

2.玉器、木器和陶器

玉器 在墓中随葬玉器是古人的习惯，中国人对玉可以说情有独钟。这里介绍的玉器，根据出土时摆放的位置看，可能是永泰公主身边的陪葬礼器，有玉璜、雕镂螭纹出廓璧、蝙蝠形大玉佩、蝙蝠形小玉佩、走兽游鱼佩等。据专家考证，均为羊脂玉，属六朝时期的传世物。显然，是皇家所有，可能是永泰公主从洛阳迁来陪葬乾陵时她父亲中宗皇帝所赐。对于爱玉的人来说，能得到一块羊脂玉是梦寐以求的事情，因为新疆的和田羊脂玉是白玉中的极品。它突出的特征是温润如羊脂，水嫩无比。因此，这里展出的这几件玉器可以说是本馆的镇馆之宝。

70.镂空螭纹玉佩

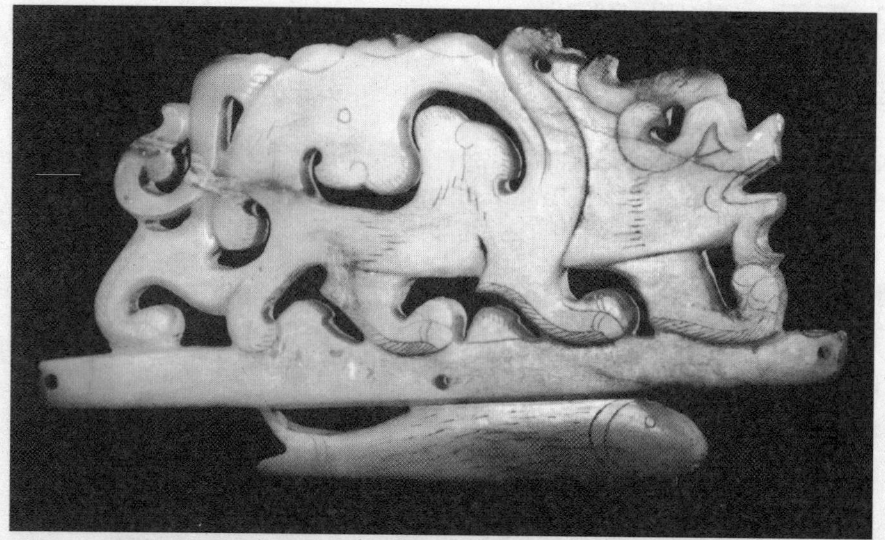

71.镂空走兽游鱼佩

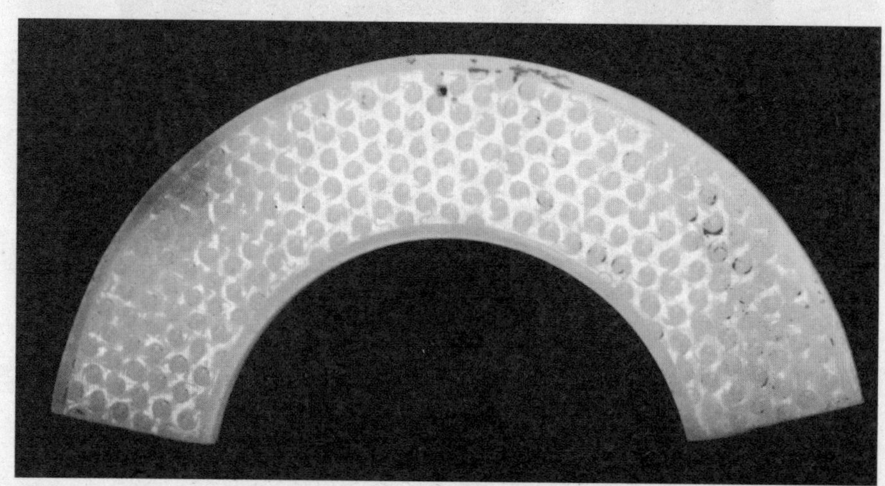

72.谷纹玉璜

73.木俑

木俑　诸如照片上的木俑，当年在永泰公主墓内出土了33件，残高10、宽2厘米，呈站立之势，称之为拱手男站立木俑。它以柏木刻成，其程序是在选好的木质材料上，先雕出俑的形状，然后涂粉，最后以朱、墨等色绘出人物的五官、衣饰，用笔简练、生动。这批木俑头戴帷帽，身穿圆领长袍，腰束黑带，完整的双手合拢，握一长木棍，双腿并立，足部严重残缺。我国古代用木俑随葬，由来已久，大约始于东周，主要流行于战国时期的楚国境内，西汉时仍是我国南方地区墓葬中的主要明器，在长沙战国墓、湖北云梦秦墓、长沙马王堆西汉墓里都发现了大量的木俑。我国新疆、甘肃等地区出土的唐代木俑为数较多，但保存下来的却寥寥无几，因为是木质的，出土之后难于保存。

塔式罐　这个塔与罐的结合体，叫塔式罐，造型非常少见，由基座、中腰部、上圆罐、盖四部分组成。基座上是大象头与佛像相间的浮雕圆形，中部如细腰鼓形，上部是圆形的罐，罐盖把作成七层佛塔形，蕴含着印度佛塔建筑艺术的风格特点。

74.塔式罐

彩绘俑　彩绘是陶器制作的另外一种形式，这种工艺早于唐三彩。是把颜色描绘在陶俑、器物的外表上，因此叫彩绘俑或彩绘器物。由于它上面没有施釉色，所以颜色容易脱落。

乾陵博物馆收藏的这类藏品非常多，都是从陪葬墓出土的，题材种类和三彩相同。展现在你面前的乐俑组合中的人物，有的骑在肥硕的马上，或奏乐，或舞蹈，表现了一个乐队演奏的场面。乐器中有长笛、短笛、陨、排箫。你若在观看音乐会的时候留意一下，一千多年前的这些乐器，至今还在使用。

一匹骆驼和一位牵驼俑的彩绘组合陈列，有似曾相识的感觉。因为骆驼的形状我们前面介绍过，只有牵驼俑不同，考古专家认为它的五官特征很像今天的藏族人。西藏

75.彩绘骑马乐俑

76.彩绘骑马俑群

77.彩绘骆驼及牵驼胡俑

在唐代叫吐蕃，641年，唐代的文成公主嫁给了吐蕃的首领松赞干布。从此，藏民族与祖国内地民族联合，共同缔造了我们伟大的中华民族，由此证明西藏自古就是我国领土不可分割的一部分。

彩绘动物　猪、牛、羊三牲和犬，是一批写实的艺术品，也是陪葬品的重要组成部分，从侧面反映了唐文化的多样性。

猪，是人类最早驯化和饲养的家畜之一，已有12000年的历史，这只赭釉色的猪，腰长腿短，长嘴前伸，形状憨态可掬，似乎又蠢又笨，但对人类的贡献很大。

蹲卧着的羊，温顺自然，神态安详。距今四五千年前，羊的遗骨就出现在文化遗址中，说明羊也是早期驯化和饲养的家畜之一。生活中的羊，品种有山羊和绵羊之分，我们看到的是哪个品种的羊，说不清楚；但陶羊一般是写实的作品，是忠实于羊的形貌塑造而成的。

站立的两头牛，可能就是土生土长的秦

78.三彩猪

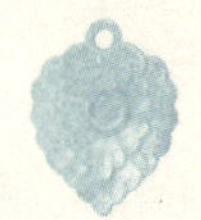

79.彩绘羊

川牛，也叫黄牛，是我国家养的黄牛、水牛和牦牛三大品种中的一种。牛的驯化饲养晚于猪、狗、羊、鸡，约有四五千年的历史。这陶制的彩绘牛，肥大敦厚的外形，体现着驯服、耐劳和倔强的性格，也体现着一股子牛劲。

狗和猪一样同为人类早期饲养的家畜，它有许多自身的特点，不择食，通人性，不结群，易驯养；它的德性受人称赞，勇敢、坚毅、忠诚、殷勤、有耐力；它聪明机智，能掌握主人许多细微动作、声音和命令，甚至能判断主人的好恶，故能“看家护院”，驱逐不受欢迎的人。狗是适应性很强的动物，有强健的下颚，犀利的牙齿，善跑的四肢，加上嗅觉和听觉敏锐适于追逐，因此，成为人类早期狩猎的助手和工具。唐代养狗之风非常盛行，不仅作为玩伴宠物，也和猪、羊一样，是人们的主要肉食家畜，于是就出现了

80.彩绘牛

杀狗、卖狗肉的人，叫“狗屠”，史书上记载的“鸿门宴”故事中的樊哙此人，就是一位靠杀狗为生的“狗屠”。这只身材修长的狗，特别引人注目，跃跃欲扑之势，使狗的神态表现得淋漓尽致。这类品种的狗，名字叫细猎狗或细狗，是因为腰部细长而得名，它的祖籍在古埃及，汉代时传入我国，它反映敏捷，奔跑速度快，以凶猛善咬而出名，朝廷专门用于狩猎。现在在我国北方的广大地区至今还饲养着大量的细狗。

唐代人与现代人的生活一样，饮食中也有肉食品。大部分是饲养的“六畜”，因为马是人们生活中必不可少的代步工具，牛是耕田的主要畜力，所以，六畜中的羊、猪、鸡、狗常被食用，其中以猪和狗最常见，也最讲究，通常是选幼不选壮，选壮不选老，也就是说以食小狗和小猪为主。一般来说，小狗以豢养一年以上为最佳，幼猪以出生两个月

81.彩绘狗

至半年之间为上等。鸡是上至贵族下至贫民都爱饲养和食用的家禽，鸡肉和鸡蛋在唐代人饮食生活中占有重要地位。

这些陪葬品是从乾陵五座陪葬墓中出土的部分珍贵文物，代表和展示了乾陵文物新、杂、奇、美的特色，其独特的艺术魅力，集中反映了唐代前期多彩的文化风貌和丰富的社会内容。这些美轮美奂的盛唐文物中的珍品，是我们认识、研究唐代社会政治、经济、军事、文化及对外交流可靠而详实的历史资料。

六、千古之谜：乾陵博物馆的另一种魅力

1.无字碑之谜

当初“无字碑”上是没有文字的。为什么乾陵会出现这种没有文字的石碑？有人说，武则天以女子称帝，自以为可与秦皇相匹，遂效仿秦始皇在泰山立石的做法给自己树立了无字碑。有人说，武则天喜欢自吹自擂，临终前树贞石，以歌功颂德，但撰写碑文时，感到自己所作所为极不光彩，十分惭愧，因而留下了“无字碑”。有人说，武则天临死时，自认为功高德大，非文字所能表达，故仅立白碑，不刻文字，取《论语》“民无德而称焉”之意。有人说，武则天很有政治家的风度，临终遗言：“己之功过，留后人评价，只立贞石，不刻文字”，所以“无字碑”无字。有人说，“无字碑”不是武则天自立的，而是唐中宗李显给武则天立的。白碑立好后，在武则天称谓（称皇帝还是称母后）问题上产生分歧。唐中宗举棋不定，从而形成了“无字碑”。还有人说，“无字碑”不是碑，而是“祖”，代表宗庙，当然不写文字。凡此种种，不一而足。

“仿效说”初看起来，似乎不无根据。今泰山云海之间，确有一通被认为是秦代的“无字碑”。可是，假如武则天仿效秦始皇，那她应将“无字碑”立于泰山，而不应树之墓旁。史书中有关武则天晚期的材料较多，但并没有临终“自惭”的记录。“德大说”也有明显的不足。此说最早见于明人胡侍《真珠船》。《论语》所谓“民无德而称焉”是孔子针对泰伯三让天下而言的。意思是说，泰伯品德极高，老百姓简直找不到恰当的词来称赞他。泰伯不是“帝王”，故“民无德而称焉”绝无“帝王德高功大”之意。有关武则天最主要的史籍如两《唐书》、《资治通鉴》、《唐会要》等所载武则天遗制中并没有“己之功过，留后人评价”之类的词句。因此，“遗言书”依然难以成立。“称谓说”表面上有些道理，实际上很幼稚。武则天临死前，曾宣布去帝号，死后亦被谥为“大圣则天皇后”，且终中宗之世，通称“大圣则天皇后”。因此，唐中宗果真要给武则天立碑，称谓是不存在什么问题的。至于“非碑说”，完全是为了标新立异，是没有什么根据的。由此看来，上述答案都带有猜测性，不能令人满意。所以说，“无字碑”还是一个谜。要真正揭开“无字碑”的秘密，恐怕还要实事求是，更加努力的探讨。

千百年来，有多少有识之士想弄清其中的秘密，但都苦于缺乏文献记载，时至今日，仍然星雾谜团。青少年朋友们，你想为此而努力吗？希望你从现在起就做好准备，与我们一道共同探讨，破解这个文化史上最大的谜团，为弘扬中国的传统文化作出一点努力，我们期待着你的参与。

2.六十一“王宾”之谜

高宗武则天在位的50年里，国力强盛，社会安定，对外交流频繁，民族关系和睦。当时与唐朝友好往来的有三百多个国家与地区，包括今天亚洲的大部。当唐高宗逝世时，一些外国和少数民族的首领跨越万水千山来到长安，割耳嫠面以示哀伤。处于对这种真挚感情的极大感动，也是为了维护从未有过的良好国际关系和民族关系，唐朝政府下令将六十一位友邦首领的形象刻石为像，安置在乾陵内阙中，形成六十一蕃臣像，人们习惯上称之为“王宾像”。使他们对唐朝的真挚感情，化做一块块巨石，成为当时国际关系与民族关系和睦的历史见证。但乾陵蕃臣像在明代中后期遭到很大的破坏，“仆竖相半”，多已无头。到本世纪初，所有石像“头部均已失去”。

关于这些石像无头的原因，现在还不明确。相传石人成妖，践踏庄稼，被当地百姓打掉了头。这种说法显然是不能成立的。所以又有人说，蕃像头可能是在近代被外国文物贩子掠走。这种说法也没有可靠的证据。从有关资料分析，这些蕃臣像的破坏有自然的因素，也有人为的因素。明代以来关中地区所发生的大地震中，可能有一些蕃像仆倒，甚至摔坏。但大部分蕃像的头可能是被人故意打掉弄走的。由于这些石像的头部均失其所在，所以我们已无法弄清这些蕃臣的具体相貌。仅存两尊头部完好的、深目高鼻的形象供我们观赏、研究。从现存石刻状况来看，这些蕃臣的服饰和发型是不尽相同的，大多穿窄袖阔裾服装，也有个别的袖胡较长，有圆领、大翻领或斜叉领，腰束带，脚穿靴，双足并立，两手前拱，头发有卷发，也有披发。雕刻工艺都是相当高超的。站在这些蕃臣像前，我们还可能想见当年朝堂中蕃臣侍立的场面。

3.乾陵地宫之谜

在古代，帝王墓是极其神圣的地方，建筑环境经过精心的设计，每一件陈设物品都有严格的礼仪要求。乾陵地面布局如此排场讲究，那么神秘的地宫又是怎样的构建呢？帝王陵园里的重要部分是地宫，地宫又称“玄宫”、“幽宫”。因其结构豪华富丽，堪与帝王的人间宫殿相媲美，俗称地下宫殿，地宫里的随葬品最能引起人们种种遐想。古人认为，墓葬是人灵魂的归宿，所以，非常讲究“厚葬”。于是，历朝历代统治者凭借手中至高无上的权力，投入大量的财力、物力和人力来营建“事死如事生”的帝王陵寝，他们除了把大量的金银财宝埋进神秘的墓室，还陪葬大量的日用器物、工艺美术品、文房四宝、图书绘画以及生产工具和科技成果等。以期把他们生前所能享受的一切荣华富贵带入到来世或另一个世界中继续享用。这

些随葬品之所以珍贵，在于它们都是当时最流行、最时尚的东西，又都是特别制作的。如衣冠服饰、丝麻织品、铜器、玉器、陶器、金银器等，它们能比较准确地反映当时的生产能力、生活习俗、艺术风格和科学技术水准。可以说帝王陵墓中这些丰富多彩的随葬品，是我国一笔不可估量的历史文化财富。乾陵地宫深藏着千余年前男女两位皇帝，营建又正值盛唐时期，兴师动众，规模宏大。可以想见，地宫内“宫室制度宏丽，不异人间”，奇珍异宝琳琅满目，建筑结构错综复杂，让人目不暇接，流连忘返。因此，神秘的地下宫殿是最吸引人、最迷人的地方。

乾陵是否被盗，一直是人们关心的问题。据史书记载，乾陵从建成到现在的一千多年间，曾发生过几次盗陵事件，但因各种原因中途停止而未能盗成。第一次是在唐末，盗掘者是农民起义领袖黄巢。《陕西通志》记载：“武后陵，黄巢伐之。”第二次是五代时期，温韬盗过乾陵。据《新五代史·温韬传》记载，温韬为耀洲节度使“……韬在镇七年，唐诸陵在其境内者，悉发掘之……唯乾陵风雨大作而不可发。”第三次发生在民国初年，时任国民党将领的孙连仲带领一团人马，也重蹈了前两次盗墓者的覆辙，最后灰溜溜地离开了梁山，乾陵再次免遭盗掘。

1958年，文物考古工作者对乾陵进行了全面的勘察，在北峰南面半山腰处找到了通往乾陵地宫的大门前的一条通道——乾陵隧道。隧道也叫“羡道”或“诞道”，当年高宗和武则天的两具棺椁以及大量的随葬品，就是沿着这条隧道进入地下玄宫的。1960年试掘了乾陵隧道。隧道呈斜坡形，长63.1、宽3.9米，洞口用4000多块长方形的石条顺着坡势，一层一层填砌，外形酷似楼梯。共叠砌了39层，在每块石条上面凿出燕尾凹槽，然后用铁质燕尾板镶嵌在其中，缝隙之间再浇注锡铁浆液，使整个石条与大山混为一体，然后在石条上面用黄土覆盖，以图内部永久保存。如此做功，颇具科学原理。试掘结果与《旧唐书·严善思传》记载相符："……乾陵玄宫，以石为门，铁固其缝……"由此可见，乾陵无论从史书记载还是考古发掘来看，很可能是唐十八陵中唯一没有被盗掘的陵墓。可以想象，乾陵地宫以及丰富多彩的随葬品伴随着李治与武则天在这里默默沉睡了1300多年。"地下宝藏无恙否，盛唐文物好探寻"。千百年来，多少人想知道其中的秘密，探测其中的奥妙，但都苦于史书记载甚少和未曾科学发掘的缘故，神秘地下宫殿的秘密至今还是无人知晓，以至于成为乾陵最大的谜团之一。

82.墓道封石

今天我们看到的陵园石刻和遗址只是浩大的乾陵陵园一个小小的组成部分，它还有更多的宝藏、更多的谜团等待我们去发现，去破解。由于我国目前尚未完全具备发掘重要陵墓的条件，所以对这座人类文化宝库我们政府还没有做出何时发掘的计划，现在提及发掘还为时过早。但是我们相信，揭开乾陵地宫神秘面纱的日子不会太远，等到幽宫重启之日，必定是石破惊天之时，大唐文化必将在我们的眼前展现出绚丽的风采。

七、服务观众：乾陵博物馆的服务与管理

1. 优美环境

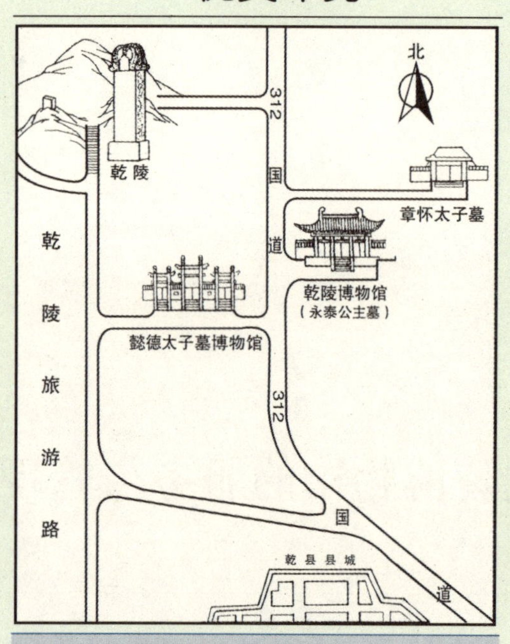

83. 乾陵旅游路线示意图

乾陵博物馆的馆舍建在312国道76公里处的东侧唐永泰公主墓的陵园遗址上，遗址范围很广，面积约为60500平方米，现存地面上的墓葬封土、石刻、阙楼、角楼等遗迹仍能透出当年的辉煌与壮观，其中残存15米高的封土是遗址内重要的主体建筑，覆斗形状，高大厚重，位居陵园最北，之南约20米处是墓道口所在，再南约400米是当年陵园南门的位置，左右两侧是阙楼的遗迹，门外是一条南北长近百米、宽约15米的神道，两侧树立着唐代华表、石人等，陵园平面布局为坐北朝南。

博物馆馆舍建筑服从保护陵墓遗址的理念而设计，依照陵园遗址的格局，整体建筑群采用了传统的建筑中轴对称、主从有序的布局手法，由南往北依次分为前、中、后三部分。

古朴、大方的博物馆大门位于陵园最南端的华表之后，大门上方悬挂着已故陕西文

84. 博物馆大门

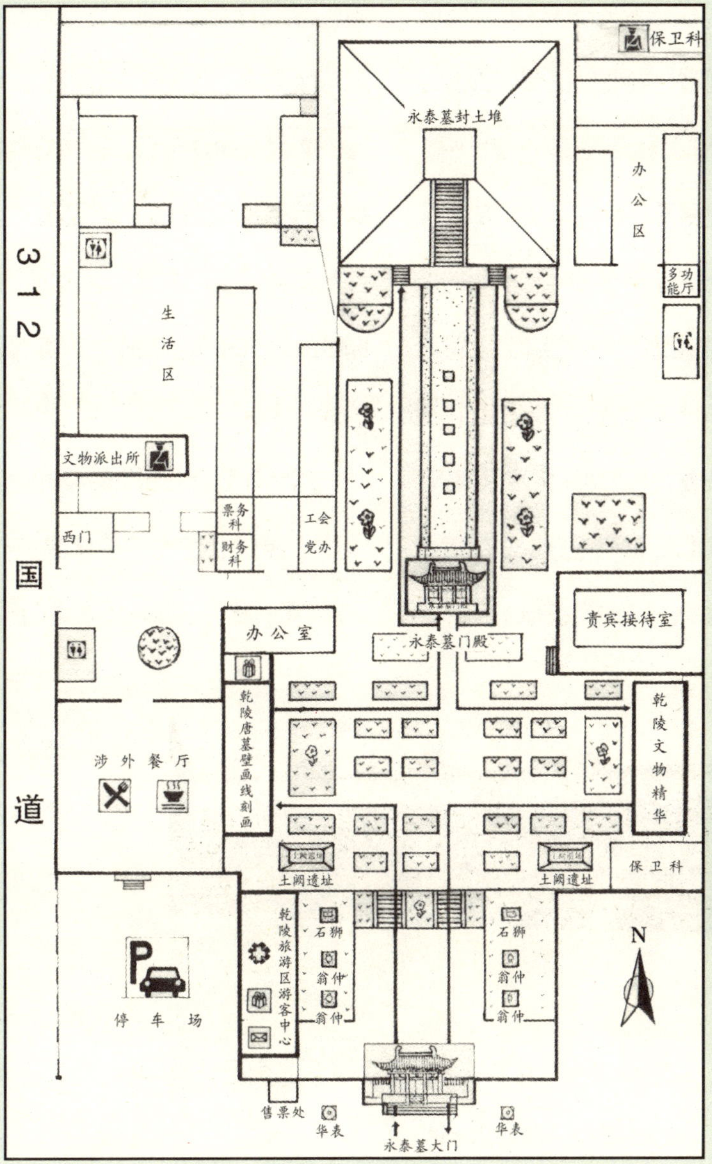

保卫科
永泰墓封土堆
办公区
多功能厅
生活区
312国道
文物派出所
西门
票务科
财务科
工会
党办
贵宾接待室
永泰墓门殿
办公室
涉外餐厅
乾陵唐墓壁画线刻画
乾陵文物精华
土阙遗址
土阙遗址
保卫科
乾陵旅游区游客中心
石狮
翁仲
翁仲
石狮
翁仲
翁仲
N
停车场
售票处
华表
永泰墓大门
华表

85.乾陵博物馆院内分布示意图

博界著名的书法家段绍嘉先生书写的“乾陵博物馆”横额，东侧是售票房和讲解咨询处。当你走进博物馆大门，远远望去，地势开阔，环境优美。盛开的鲜花，翠绿的松柏加上绿草如茵的草坪，把这处建在千年遗址上的现代化博物馆装点的格外引人注目。极目两傍，四位身高在2.4米的唐代石人伫立在神道的两侧，体态谦谦，神道尽头是两只蹲狮，造型与乾陵石狮相似，威严狰狞，似乎指点着这就是当年朱雀大门，他们在草木花卉和青松翠柏的映掩衬托下，令人肃然起敬。梯形花坛中央，用常青树制作的巨大球体造型分外醒目，跨过花坛，石狮的背后，昔日象征陵园标志、威严的阙楼遗址上，至今还残存着两座约三四米高、呈梯形的阙楼遗迹，原址上人工栽植的树木为它撑起了一顶天然的保护伞。

两座陈列室和原始唐墓地宫坐落在院内中央，组成了馆舍的主体建筑群，平面成“品”字形状。正前方的墓道口原始位置上，由西安文物保护修复中心设计的一栋仿唐建筑，典雅凝重，高大气派，它是进入墓道的大门，也是博物馆的标志性建筑。门前是一处开阔、平整、面积颇大的空间院落，一条条用仿唐

86.博物馆陈列室一角

青砖铺就的游人便道把碧绿如茵的草坪分割成若干个小块，别具一格。东西对称，面阔9间，古朴、庄重的陈列室分别坐落在墓道正前方东西两侧，东陈列室外正中上方悬挂着启功先生题写的“乾陵文物精华展”牌匾，西边悬挂着郭沫若先生题写的“乾陵壁画线刻画展”的牌匾，黑底金字，在阳光照耀下闪闪发光。门前两处巨大的花坛里栽植着常青树木和花卉，使色调单一的建筑随着季节的变化，在春花、夏绿、秋叶、冬雪中被赋予了变化的景致，给苍桑、沉重的古墓葬遗址带来了春意昂然的时光。

外观庄重、大方，室内装饰豪华的贵宾接待室，位于墓道东侧。西边是行政管理、涉外餐厅和旅游服务部等机构。

墓道口以北，在南北长20米现代样式的墓道保护房上，五处小巧精致、高出地面2米的仿古建筑点缀其间，风格独特，很有创意。

87.永泰公主墓墓道口保护房及封土近景

沿着现代人修筑的台阶，登上高约15米的封土，极目四望，西北方向，巍巍乾陵在蓝天白云的陪衬下显得更加雄伟、气派，宽阔的312国道从眼前穿过，章怀太子墓紧邻这处遗址的东北，在西南1公里处是永泰公主的亲哥哥、懿德太子李重润的墓冢。俯视整个陵园，雄伟壮观的建筑错落有致，花坛草坪点缀其间，既不失陵园的肃穆，又兼顾观赏价值。

绿化即可以丰富馆区构图，也使馆区和景点产生时空变化和生气。建馆以来，乾陵博物馆以馆舍园林化、庭院式博物馆和绿色文明景区为建设目标，加强管理，精心规划，逐步实施，绿化美化工作初具规模。馆舍区和景点栽植大量花草树木，绿化面积达到95%以上，被陕西省人民政府授予“绿色文明景区”称号。不但为观众营造了舒心、优美的绿意快然的参观环境，也给底蕴深厚、历史悠久的文化遗址增添了勃勃生机，使错落有致的建筑与馆区优美环境相适应，体现了民族性和地方性特色，而且还将雄伟的仿古建筑衬托得更加气势雄伟。壮观、大气、神秘的乾陵和现代化的博物馆相互依托，融文物古迹与自然风光为一体，共同组成了陵墓文化与唐代珍贵文物为特色的陕西西线旅游名胜区——乾陵旅游区。成为八百里秦川古老文化链上一颗璀璨夺目的明珠。

88.博物馆院内鸟瞰图

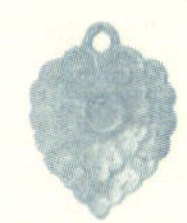

2. 优质服务

“观众就是上帝”这既是博物馆工作的座右铭，也是博物馆工作人员最基本的职业道德规范。当你来到乾陵博物馆，从购买门票到参观陈列展览等一系列的活动，都会享受这里为你提供的以观众为核心的各种服务。

你接触的博物馆第一人是售票员，享受的第一服务是售票服务。售票员那熟练的操作，认真负责的精神会给你留下良好的第一印象。他们不仅仅是售票、收款，还提供解答观众的咨询、反馈意见、联系讲解等事宜。可谓博物馆工作阵地上的最前沿人物。

乾陵博物馆有一支高水平的讲解队伍。讲解员面对要讲解的内容，通过查找大量资料、广泛阅读，在真正理解的基础上，根据观众的不同年龄、不同层次，进行不同水平的讲解。当你跨进大门，讲解员会主动走上前去，引导你参观，开始为你提供讲解服务。亲切优质的讲解，使古老沉重、具有沧桑感的博物馆变得富有灵性、具有时代感，也使文物的美被活生生地表现出来了。所以，博物馆里的讲解是不能缺少的美的串联、物的沟通。

博物馆的每一位讲解员，是馆里透出的一股灵气，是构筑在观众面前的一道亮丽的风景。他们向每一位来馆参观的观众提供至高无上、热情周到的服务和讲解，不但把乾陵悠久的历史文化，用准确、高雅的语言，生动形象地进行讲解，而且还向观众展示乾陵人的文明风貌和礼仪。

为了成为一名合格的讲解员，充分满足观众对讲解的需求，他们努力从形体、语音、讲解技巧和业务素质等方面强化培训自己，不断提高。当你站在陈列室里，面对一件件文物标本，聆听他们讲解时，就体会到他们是展示乾陵形象的大使，是乾陵文化的传播者。

3. 小红帽的风采

为了充分发挥博物馆爱国主义教育基地的作用，教育培养中小学生热爱祖国历史文化、热爱家乡文物，从1999年开始，乾陵博物馆先后组织、策划了多种适合未成年人的、内容生动的教育活动，吸引他们来乾陵参观学习，接受教育。这些活动有“征文竞赛”、“乾陵之旅”夏令营、“家庭育苗”、“文物知识竞赛”等，其中开展的“宣传乾陵志愿者”义务讲解员活动，是比较有特色的一个。本馆与学校本着志愿、互利、服务的原则，选拔了一批条件合适的学生，经过培训后，在“五·一”和“十·一”两个黄金周期间，把他们充实到博物馆的讲解队伍当中，参与讲解服务。因为他们每人头戴一顶比较有特色的红色遮阳帽，因而得名“小红帽”。

89. 小红帽

站在观众面前的小讲解员，聪明、活泼、好学、机灵，想象力丰富，虽然对乾陵文物含义的理解、认识尚处一般水平，但他们热爱文物，面对观众，毫不胆怯。在给观众的讲解中责任感强烈，讲解起来有板有眼，从不含糊，广大观众对他们的讲解给予了高度赞赏，学校和家长也表现出支持与配合的态度。这个活动不但使学生从小树立起热爱文物、参与社会活动的意识，而且加深了他们对祖国悠久历史和灿烂文化的了解。它为中小学生的全面成长架起了一座学校教育与社会教育相结合的桥梁，也为乾陵沧桑古老文化增添了一道独特的风景。

4.数字乾陵

(1) 乾陵博物馆网站

如果你足不出户，面对方寸天地，瞬间浏览世界每一处博物馆，并且和他们进行在线馆藏文物学术交流，同步鉴赏属于各自民族的文化瑰宝，你的感觉如何？一定觉得神奇吧？这已不是神话，一年前，已经建成并开通的乾陵博物馆网站为“女皇武则天与高宗李治”走进数字时代迈出了可喜的一步，为乾陵历史文化事业构筑了IT时代的立足点，实现了全球文博界“乾陵”和“埃及金字塔”的“天涯共此时”。

2005年9月1日，乾陵博物馆互联网国际信息中文站点建成开通，域名为www.tangwenhua.com（唐文化网）。进入网站，你可以比较详细地了解博物馆的机构设置、文物展品、学术动态和展出活动。它的开通为博物馆信息的传播与交流开辟了一条新的途径，成为乾陵对外宣传开放的又一个重要窗口。网站在形式和内容上都十分突出大众化的特色，只要点击“乾陵”或“武则天”，就会列出与乾陵博物馆有关的任何信息，供访问者挑选浏览。自网站运转以来，它以信息服务与艺术完美性相结

90.乾陵博物馆网站

合的特点而逐步成为文博工作者和文物爱好者比较喜爱的站点之一，在同行网站点中也是比较有影响的网站之一，在一些搜索引擎中的排名位列前茅。网站最大限度地满足了观众的信息需求，在搜集信息、对外宣传、为观众提供全方位服务等方面发挥了重要作用。

目前，网站结构设计上有陵园概况、陈列大观、展览集萃、旅游服务、游客专区、团队服务、唐文化论坛等11个大栏目，之下又有各子网页和相应的栏目，以图文并茂的形式全面展示了乾陵博物馆丰富的文化内涵，以及服务管理、学术研究、保管陈列、社会教育等各方面的工作，使博物馆里的信息服务面越来越广。为让更多的观众知道和了解乾陵，从而为把乾陵建成一个信息化平台和知识宝库奠定了基础。怎么样？移动你手中的鼠标，点击一下吧！

(2) 乾陵数字互动影院

一处神秘的地下宫殿，一座金碧辉煌的墓室，里面装满了人间的奇珍异宝，当幽暗的地宫之门慢慢开启，向往已久的乾陵地宫终于呈现在了人们的面前……，乾陵脚下，献殿门前，整齐壮观的队伍，肃穆庄严的场景，幡旗飘飘，哀号长鸣，当你看到这样的场面，你是否觉得穿越了时空，顷刻间回到了千年前那个辉煌的时代。这是乾陵博物馆乾陵数字互动影院里正在播放的《神游乾陵》里的几个镜头。

乾陵地宫是最迷人的地方。千百年来，不知有多少人想弄清其中的奥秘，但是由于缺乏文献记载和考古资料，时至今日，人们对地宫仍然是不甚了解，比如地宫结构怎样、形状如何、面积大小等。毫无疑问，在进行科学发掘之前，要完全揭开地宫的秘密是不可能的，不过，我们可以根据文献记载

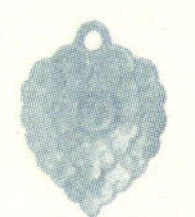

和考古资料所披露的蛛丝马迹，利用高科技手段，进行一些复原和虚拟，以满足人们的好奇心。

乾陵博物馆与陕西维远科技有限公司联合，花费一年时间，共同研制开发了《神游乾陵》数字电影，它是运用计算机虚拟现实科学图形技术，复原出唐代乾陵最兴盛时期的全貌，展现乾陵地表宏伟的建筑景观和神秘地下宫殿的复杂结构，演绎隆重、庄严的谒陵仪式。在二十多分种的时间内，伴随着悠扬的唐代音乐，观众可以全方位观看到昔日乾陵辉煌壮丽的全貌，欣赏每一件精美石刻，观看栩栩如生的皇帝谒陵大典，进入神秘的地下宫殿，亲近每一件陪葬品，还可以自由的通过计算机操纵自己的虚拟位置与视点，在场景中漫游，如同在乾陵漫步，可以到任意虚拟点行走，也可以从空中俯视，可以停止定格详细观察，还可以快速转移位置，充分发挥系统的可交互的特点和展示功能，历览乾陵的一砖一瓦，进入和结束时间随心所欲。总之，你所看到的大到宫殿、陵墓，小到建筑构件部位，其尺寸都是实地测量的。是目前我国第一个以帝王陵墓作为文化主题的大型综合虚拟现实数字作品。在这里，你的好奇心会得到最大限度的满足，多少迷雾星团也会得到破解。青少年朋友，想一睹它的风采、知道它的奥秘吗？快来乾陵吧！

91.乾陵数字互动电影中的一个镜头

5.华美唐服展示

中国唐代，是一个开放、包容、大度、自信的朝代，经济发展，国力强盛，文化艺术灿烂辉煌，社会生活丰富多彩，人们的穿衣打扮崇尚浪漫与新奇，追求新潮与时尚。尤其是女性的装扮更是色彩缤纷、尽得风流，犹如封建社会中一朵昂首怒放、光彩无比的瑰丽之花，写下了服饰史上最为精彩的篇章，达到了富丽堂皇与容雍典雅的顶峰。“小头鞋履窄衣裳，青黛点眉眉细长，外人不见见应笑，天宝末年时世妆”，这是李白对唐代女性服饰艺术的描写。当你欣赏唐墓壁画、观看彩绘陶俑，那优美的身姿、俏丽的容颜、艳丽的服饰无不展现着新潮与时尚，服装的样式既有高贵华丽的宽袍大袖，也有精悍利落的骑射胡服，美不胜收，似乎在向你绵绵细语，从另外一个角度讲述昔日的辉煌，可惜这些是静态固定的。为了让这些瑰丽华美的唐代服饰飘动起来，本馆与陕西服装艺术学院合作，在考古、文物及服饰界专家的指导下，以乾陵石刻、陪葬墓出土的壁画以及唐三彩、彩绘陶俑为蓝本，结合有关文献资料，设计了72套质地精良、色彩逼真的唐代服装，并通过真人模特走秀，定时在乾陵景区内现场表演，把中国唐代服装的优雅风韵呈现给游客。当你来到乾陵，站在宽阔的司马道上，你就会欣赏到在高大的三出阙遗迹旁搭建的T形台上那华美的唐服展示。

92.华美唐服展示

乾陵旅游区门票价格表

旺季	每年3月1日至11月30日		淡季	每年12月1日至次年2月底	
旅游景点	乾　陵	46元／人	旅游景点	乾　陵	26元／人
	永泰墓	26元／人		永泰墓	16元／人
	章怀墓	16元／人		章怀墓	6元／人
备注	景点联票　旺季：71元／人 淡季：41元／人				

说明　开馆时间：旺季　8：00～19：00
淡季　8：30～15：30

乘车路线：1．从西安火车站乘至乾陵旅游区专线旅游车(游3)抵达；
2．从西安市城西客运中心乘至乾县长途车抵达；
3．从西安咸阳国际机场沿312国道西行40公里抵达；
4．从法门寺乘车沿乾法旅游专线东行40公里抵达。

地址：中国·陕西·乾陵
电话：029—35510222
传真：029—35510048
邮编：713300
网址：www.tangwenhua.com
E-mail:qianlingmuseum@163.com

责任印制：张道奇

责任编辑：张　芳

图书在版编目(CIP)数据

乾陵博物馆／王晓莉，张艳喜编著．-北京：文物出版社，2006.12

（带你走进博物馆）

ISBN 7-5010-2044-2

Ⅰ.乾…　Ⅱ.①王…②张…　Ⅲ.博物馆-简介-乾县　Ⅳ.G269.274.14

中国版本图书馆 CIP 数据核字（2006）第 130954 号

乾陵博物馆

乾陵博物馆　王晓莉　张艳喜　编著

文物出版社出版发行

（北京东直门内北小街 2 号楼）

http://www.wenwu.com

E-mail:web@wenwu.com

北京文博利奥印刷有限公司制版

文物出版社印刷厂印刷

新华书店经销

880 × 1230　1/24　印张：4.5

2006 年 12 月第一版　2006 年 12 月第一次印刷

ISBN7-5010-2044-2　　定价：22.00 元